Jakob Musashi Leonhardt

Erst der Spaß, dann das Vergnügen

Geniale Chaoten bringt nichts auf die Palme

Jakob Musashi Leonhardt,
geboren 1975, ist ein Weltenbummler und in Tokio genauso zu Hause wie in Hamburg. Er hat einige Romane für junge Leser veröffentlicht und ist zudem als Musiker und Sounddesigner tätig. Zu seinen Leidenschaften zählen das Tauchen, japanischer Sencha-Tee sowie die Musik von *Coldplay.*

Weitere Bücher von Jakob Musashi Leonhardt im Arena Verlag:
Knapp vorbei ist auch daneben
Ein genialer Chaot packt aus
In der Faulheit liegt die Kraft
Geniale Chaoten fallen nicht vom Himmel
Chaos ist das halbe Leben
Ein verkanntes Genie auf der Überholspur

Auch als Hörbuch erhältlich.

Im Pyjama um halb vier *(zusammen mit Gabriella Engelmann)*

Jakob Musashi Leonhardt

ERST DER SPASS, DANN DAS VERGNÜGEN

Geniale Chaoten bringt nichts auf die Palme

Mit Illustrationen
von Fréderic Bertrand

Arena

FSC
www.fsc.org
MIX
Papier aus verantwortungsvollen Quellen
FSC® C110508

1. Auflage 2014

Dieses Werk wurde vermittelt durch die Literarische Agentur Thomas Schlück GmbH, 30827 Garbsen
Einband- und Innenillustrationen: Fréderic Bertrand
Covergestaltung: Frauke Schneider
Gesamtherstellung: Westermann Druck Zwickau GmbH
ISBN 978-3-401-60007-9

www.arena-verlag.de
Mitreden unter forum.arena-verlag.de
www.jakob-leonhardt.de

1.

ROOHRBACH!

100 Liegestütze!«

»Aber ...«

»Keine Widerrede!«

»Schon, nur ...«

»200 Liegestütze!«

»Ist ja gut.«

»500!«

Ehrlich Leute, es gibt niemanden, der so humorlos ist wie ein Drill Sergeant in einem Bootcamp! Was bleibt mir also anderes übrig, als mich in mein Schicksal zu ergeben? Bevor er mir noch 1.000.000 Liegestütze aufbrummt?!

Die erste Liegestütze. Hechel! Stöhn! Schwitz!

Während ich zeitlupenartig meinen Oberkörper nach oben stemme, frage ich mich, was eigentlich passiert ist. Wieso bin ich plötzlich in einem

Bootcamp?! Und wieso kann ich mich nicht daran erinnern, wie ich hierhergekommen bin?

Die zweite Liegestütze. Sabber! Schnauf! Gurgel!

Es gibt nur eine Erklärung. Ich habe mal wieder Mist und Doppelmist gebaut. Das hier ist meine verdiente Strafe.

Die dritte Liegestütze. Röchel! Blubber! Doppelstöhn!

Wieso trage ich eigentlich einen geringelten Sträflingsanzug und habe diese Kette mit der Eisenkugel am Bein? Ist das nicht gegen die Menschenrechte?

Die vierte Liegestütze. Doppelschwitz! Doppelkeuch! Triplestöhn!

Meine Mithäftlinge stehen um mich herum und grinsen. Es sind Typen, die vom großen Zeh bis zu den Ohren tätowiert sind, fette Narben haben und mir mit ihren selbst gebauten Waffen zuwinken. Mama, ich will nach Hause!

Die fünfte Liegestütze. Zitter! Herzpoch! Megastöhn!

Plötzlich lacht der Drill Sergeant. Er winkt meinen Mitgefangenen zu und sagt: »Rohrbach ist lahm wie ein Faultier im Koma, Leute. Wie wäre es, wenn ihr ihm mal ein wenig Feuer unterm Hintern macht? Ich sehe auch garantiert nicht hin!«

Meine Mitgefangenen fackeln nicht lange. Sie stürzen sich auf mich wie ein Rudel ausgehungerter Hyänen. Hiiiiiiilfeeeeeeee!

2.

Felix? Alles in Ordnung mit dir?«

»Was? Wie? Wo?«

Ich liege schweißüberströmt in meinem Bett und blicke mich verwirrt um. Es ist mitten in der Nacht. Jack Russel, so nenne ich meine Schwester, steht in ihrem erdbeerfarbenen Nachthemd vor mir und sieht mich kopfschüttelnd an. »Du hast geschrien, als würde dir bei lebendigem Leib die Haut abgezogen! Oder als hätte dir jemand die Ohren abgeschnitten und falsch rum wieder angenäht. Oder als hätte dir jemand einen Spieß durch den Hintern gerammt und dich als Döner gegrillt. Oder als wenn ...« – »Ist ja gut, Jack. Ich hatte einfach nur einen Albtraum!«, stöhne ich.

»Und? War es sehr schlimm?«

»Megaschlimm!«

»Gut so.«

Jack Russel, die eigentlich Jenni heißt, lacht scheppernd. Dann dreht sie sich schulterzuckend um und verlässt mein Zimmer. Ich werfe einen Blick auf meinen Wecker. Noch zwei Stunden, bis ich aufstehen muss. Super. Dann kann ich ja noch ein bisschen weiterschlafen. Schnarch und Doppelschnarch!

3.

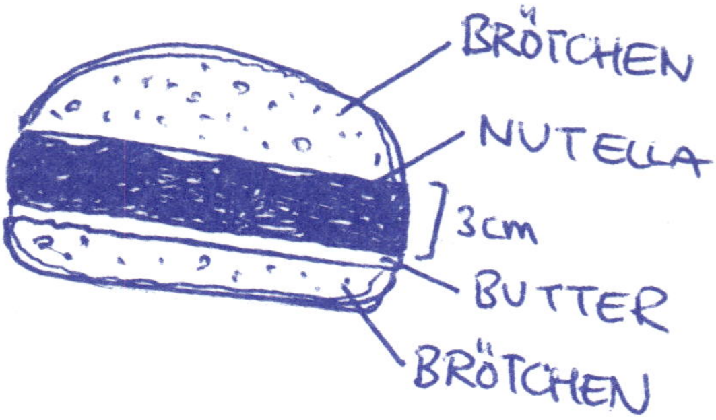

Pünktlich um halb acht sitze ich am Frühstückstisch und habe prächtige Laune. Grins und Doppelgrins! Ich nehme mir ein Brötchen, beschmiere es drei Zentimeter dick mit Nutella und beiße herzhaft hinein.

Meine Eltern sehen mich misstrauisch an. Sie kennen mich. Sie wissen, dass dieses Felix-Rohrbach-Grinsen in meinem Gesicht nichts Gutes zu bedeuten hat.

»Was ist los, Felix? Du siehst so fröhlich aus?«, fragt meine Mom. Sie kneift die Augen zusammen und mustert mich mit durchdringendem Blick. Ab und zu glaube ich, dass sie Gedanken lesen kann. Jedenfalls meine Gedanken.

»Ach nichts. Ich bin einfach nur gut drauf. Hatte heute Nacht einen gruseligen Albtraum.«

»Und deswegen bist du gut gelaunt!?«, fragt mein Dad erstaunt.

»Klar. Während ich geträumt habe, dachte ich ja, dass es die Wirklichkeit wäre. Das war blöd. Aber dann bin ich aufgewacht und wusste, dass es eben nur ein Traum war. Ist doch klasse, oder nicht?«

»Ich sag's ja, er spinnt«, sagt Jenni.

»Wir haben das gleiche Genmaterial, Jack. Wenn, dann spinnen wir beide«, gebe ich zurück.

Dad macht eine besänftigende Handbewegung, bevor Jenni und ich in einen unserer üblichen Megastreits ausbrechen. »Was hast du denn geträumt?«, fragt er.

»Nur, dass ihr mich in ein Bootcamp abgeschoben habt. So wie im Fernsehen. Eine Mischung aus Superknast, Fremdenlegion und Strafkolonie. Das war voll die Härte.« Meine Eltern sehen sich betreten an. Daraufhin sehe ich sie betreten an. Fassungslos frage ich: »Sagt nicht, dass ihr wirklich etwas in der Richtung vorhattet?!«

Während meine Mutter hilflos mit den Armen rudert, sagt mein Dad: »Na ja, wir haben uns neulich von einem Erziehungsexperten beraten lassen. Dabei kam raus, dass es sehr interessante Angebote für Jungen wie dich gibt ...«

»Jungen wie mich!?«

»Na, du weißt schon. Jungs, die schlecht in der Schule sind, nur Mist machen, nie auf ihre Eltern hören und ständig in Schwierigkeiten stecken.« Meine Miene verfinstert sich. Das Problem ist, dass Mom und Dad recht haben könnten. Vor allem was die Schwierigkeiten angeht. »Und wann ist es so weit? Wann werdet ihr mich abschieben?«, frage ich mit verzweifelter Stimme.

Mom lächelt versöhnlich. »Das kommt ganz auf dich an, Felix.«

»Echt? Ihr gebt mir noch eine Chance?«

»Ja. Allerdings musst du uns ein paar Dinge versprechen. Zum Beispiel, dass du dir ab sofort mehr Mühe in der Schule gibst. Und keinen Unsinn mehr anstellst.«

»Und nichts mehr in die Luft jagst«, fügt Dad hinzu.

»Und nachts nicht mit deinen Freunden rumstromerst«, fügt Mom hinzu.

»Und keine Wände mehr besprühst«, fügt Dad hinzu.

»Und dein Zimmer aufräumst«, fügt Mom hinzu.

»Und ab und zu die Spülmaschine ausräumst«, fügt Dad hinzu.

»Und nett zu deiner Schwester bist«, fügt Mom hinzu.

»Und mich von der nächsten Brücke stürze«, füge ich hinzu.

Meine Eltern sehen mich entsetzt an. Dann grinst mein Dad und sagt: »Nein, das mit der Brücke muss nicht sein. Alles andere aber schon. Versprichst du es?«

»Ja, ich verspreche es. Schwör und Doppelschwör«, sage ich. Was soll ich auch sonst tun? Ich habe keine Wahl!

Schnief und Doppelschnief!

4.

Als Trost nehme ich mir ein Brötchen und beschmiere es vier Zentimeter dick mit Nutella. Ich will gerade hineinbeißen, als sich meine Schwester zu Wort meldet. Vorwurfsvoll sieht sie meine Eltern an und sagt: »Ich finde es schade, dass ihr Felix nicht in ein Straflager schickt. Er hätte es voll verdient.«

»Deine Meinung ist weniger wert als ein Flohfurz, Jack«, knurre ich sie an.

Jenni heult auf wie eine Bombensirene: »Seht ihr, er hackt schon wieder auf mir rum.«

»Hast du verdient«, sage ich.

»Halt die Klappe«, faucht sie.

»Gleich. Aber vorher sollst du wissen, dass Flohfurz noch ein Kompliment für dich ist. Eine Amöbe hat einen höheren IQ als du. Ich frage später beim Schularzt, ob man sich gegen dich impfen lassen kann.«

Jenni schaltet auf Angriff um und sagt mit ihrer Kläff-Stim-

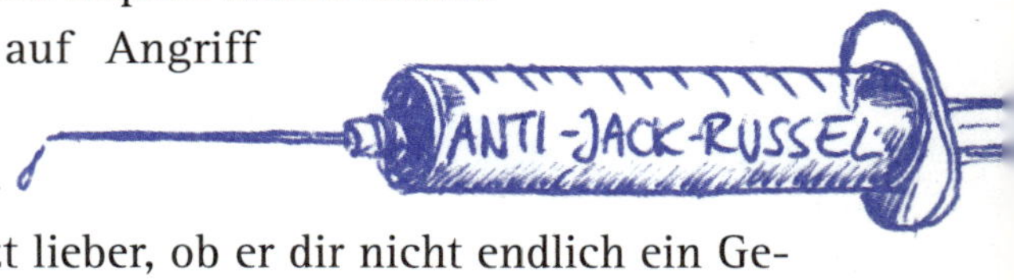

me: »Frag den Arzt lieber, ob er dir nicht endlich ein Ge-

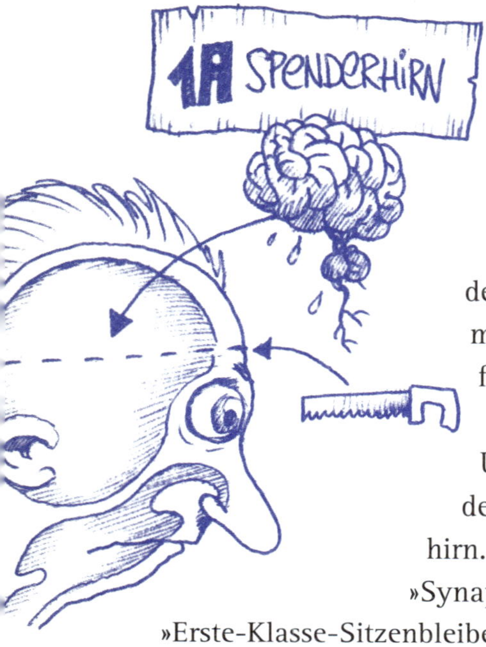

hirn implantieren kann. Du würdest in die Geschichte der Medizin eingehen!«

»Ich müsste erst einen Spender finden und da kommst du mangels Masse leider nicht infrage.«

»Das musst du gerade sagen! Und nimm deine Zunge aus dem Nutellaglas, du Schokohirn.«

»Synapsensperre!«

»Erste-Klasse-Sitzenbleiber!«

»Einmaleins-Versagerin!«

»Eltern-Albtraum!«

»Bruder-Albtraum!«

Plötzlich unterbricht uns Dad. »Sagt mal, ihr zwei. Müsstet ihr nicht längst in der Schule sein?«

Meine Schwester und ich sehen uns verschwörerisch an und lachen. Dann sage ich leise: »Verdammt, er hat es gemerkt.«

»Ja, schade. Ich dachte schon, ich komme um Mathe in der ersten Stunde herum«, flüstert Jack Russel.

»Und ich um Englisch.«

Jack und ich packen schnell unsere Schulsachen und machen uns auf den Weg. Unterwegs streiten wir uns weiter. Weil es so viel Spaß macht.

5.

Damit keine Missverständnisse aufkommen: Meine Familie wirkt nur so, als wären wir alle gemeinsam aus einer Irrenanstalt ausgebrochen. Eigentlich mögen wir uns gerne.

Und alles in allem verstehen wir uns auch echt gut.

6.

Es gibt übrigens einen einfachen Test, wie man rausfindet, ob die eigenen Eltern in Ordnung sind.

Stellt Euch vor, Ihr macht eine Kreuzfahrt und das Schiff geht unter. Wenn Ihr es besser findet, ganz alleine auf einer einsamen Insel zu stranden, während Eure Eltern auf einem Floß in Richtung Südsee abtreiben, ist Euer Verhältnis wohl nicht so gut.

Wenn es Euch dagegen lieber ist, dass Ihr alle zusammen gerettet werdet, dann sind Eure Eltern ganz in Ordnung.

Ich bin mir nicht sicher, wie es bei mir ist. Mom und Dad würden mir vermutlich vorwerfen, dass ich schuld am Untergang des Schiffes bin.

Wenn wir damals auf der Titanic gewesen wären, würde man heute vermutlich nicht über den Eisberg reden, sondern über mich.

Und das vielleicht zu Recht.

Ich bin halt ein Chaotinator. Ein unverbesserlicher Durcheinanderbringer. Ein menschlicher Unruheherd! Und ich bin stolz drauf.

Grins und Doppelgrins!

7.

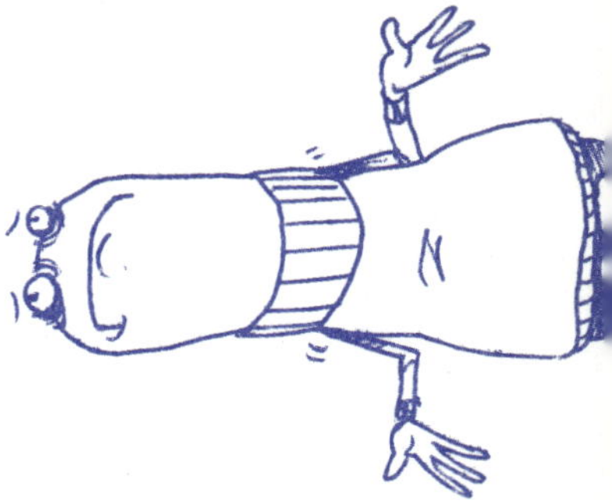

Im Laufe der ersten Stunde – Englisch bei Mrs Ironfist – macht meine Laune einen Sinkflug in Richtung Keller. Wie ein Heißluftballon, der in der Stratosphäre platzt und wenig später auf die Erdoberfläche knallt. Schepper und Doppelschepper!

Von wegen Chaotinator! Von wegen Unruheherd!

Mir wird erst jetzt klar, was vorhin am Frühstückstisch passiert ist! Ich musste Mom und Dad versprechen, keine Chaos-Aktionen mehr zu starten. Ich muss ab sofort ordentlich, fleißig und gehorsam sein!

Weil sonst das Bootcamp winkt!

Ich fühle mich wie ein Müllmann, der keinen Müll mehr aufsammeln darf.

Wie ein Bankräuber, der keine Banken mehr überfallen darf.

Wie ein Wal, der nicht mehr wählen darf.

Mein Leben hat keinen Sinn mehr! Schnüff und Doppelschnüff.

8.

Was soll's. Dann benehme ich mich halt. Auch in der Schule.

Entsprechend fällt der Schultag aus. Todlangweilig.

Im Englischunterricht zum Beispiel rede ich endlich mal Englisch. Und im Deutschunterricht Deutsch. Sonst mache ich es gerne umgekehrt.

Im Matheunterricht zeichne ich ein Kurvendiagramm, das ausnahmsweise nicht so aussieht wie meine Mitschülerin Larissa von Eckstein. Obwohl die echt tolle Kurven hat.

Im Physikunterricht werfe ich nicht mit Äpfeln durch die Gegend. Obwohl Isaac Newton auf diese Weise die Gravitation entdeckt hat. Jedenfalls so ähnlich.

Und im Geschichtsunterricht behaupte ich nicht, dass Napoleon nur deshalb Europa erobert hat, weil er auf der Suche nach Schuhen mit hohen Absätzen war. War ja ziemlich klein, der große Napoleon.

9. CHEMIE

Am schlimmsten ist es in der letzten Stunde. Wir haben Chemie bei Herrn Bäumer.

Herr Bäumer lebt alleine mit seinem Dackel Moses und einem Kanarienvogel namens $C_6H_{12}O_6$, Spitzname Zucker.

Gerüchtehalber hängen in seinem Schlafzimmer keine Pin-ups, sondern Poster von Kohlenwasserstoffatomen. Trotzdem mag ich Herrn Bäumer. Er ist echt in Ordnung. Und er glaubt an mich, obwohl ich ihm nicht den geringsten Anlass dazu gebe.

Ausgerechnet heute nehmen wir das Thema »Explosivstoffe« durch. Ihr wisst schon: Schwarzpulver, Nitroglycerin, Dynamit, Plastiksprengstoff.

Alles, was Spaß macht.

Nach dem Theorieteil führen wir Experimente durch. Wir bilden Kleingruppen und mischen Schwarzpulver zusammen. 75 Prozent Kaliumnitrat, 10 Prozent Schwefel, 15 Prozent Holzkohle.

Peng und Doppelpeng!

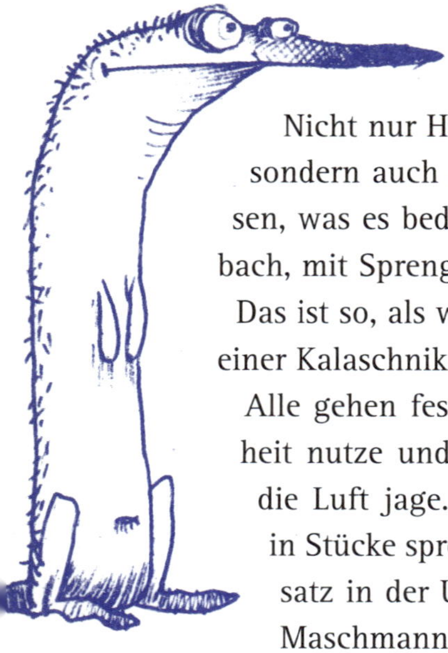

Nicht nur Herr Bäumer beobachtet mich genau, sondern auch alle anderen in der Klasse. Sie wissen, was es bedeutet, wenn man mich, Felix Rohrbach, mit Sprengstoff hantieren lässt.

Das ist so, als würde man einen Massenmörder mit einer Kalaschnikow spielen lassen.

Alle gehen fest davon aus, dass ich die Gelegenheit nutze und zum Beispiel die ganze Schule in die Luft jage. Oder wenigstens das Chemielabor in Stücke sprenge. Oder zumindest einen Sprengsatz in der Unterhose meines Erzfeindes Robert Maschmann platziere, um ihn in eine interstellare Umlaufbahn zu katapultieren.

Mein Misstrauensvorschuss ist wirklich gewaltig.

Dabei ist das total überflüssig. Wisst ihr nämlich, was passiert?

Nichts.

Weil ich kein Chaotinator mehr bin. Sondern ein Musterschüler.

Stöhn und Doppelstöhn!

10.

Nach der Stunde, stürme ich auf den Schulhof. Dort warten schon meine Freunde auf mich:

Musti, der menschliche Dönerspieß

Spike, die menschliche Schlaftablette

Mike, der menschliche Supercomputer

Ihr habt recht, die drei wirken wirklich wie Aliens vom Planeten Crazy VII aus der weit entfernten Schwachsinnius-Galaxie, die zufällig mit ihrem Raumkreuzer der Bekloppto-Klasse auf der Erde gelandet sind.

Aber der Eindruck täuscht. Musti, Spike & Mike sind echt in Ordnung. Sie sind meine besten Buddys und total chillige Dudes. Ich kann mich 100 Prozent auf sie verlassen.

Musti schüttet sich gerade eine ganze Packung Schoko-Bons in den Mund und spuckt nach und nach die Verpackungspapiere aus. Mit vollem Mund sagt er: »Was los mit dir, Alter? Bissu krank?!«

»Nein, wieso?!«

»Hassu Sprengstoff in Hand und machst nicht badaboom! Mache ich voll Sorgen um dich, Digger.«

»Stimmt schon, mir geht's wirklich nicht so gut.«

Musti nickt wie ein Medizinprofessor und sagt: »Ist kein Problem, Alter. Mussu Doktor Musti fragen. Mache ich dich wieder gesund sofort wie nix.«

»Okay, wie lautet dein Rezept?«

»Isst du erst mal fünf Snickers, Alter. Geht dir besser danach.«

»Ich glaube nicht, dass mir das hilft.«

»Kein Problem. Isst du dann noch Mars, Bounty und Twix. Und Kekse. Und danach Milka. Und ganze Rolle Pringles. Ist geheime Methode von mir. Heilt alles.«

»Danke für den Tipp, Musti. Danach habe ich keine schlechte Laune mehr, danach ist mir einfach nur schlecht.«

»Sag ich, Alter. Hilft immer.«

Es ist halt so, dass Musti ein kleines Appetitproblem hat. So wie ein Heuschreckenschwarm ganze Landstriche in Afrika kahl frisst, kann Musti die Imbissbuden einer ganzen Großstadt plündern. Und zwar innerhalb von wenigen Stunden.

Er ist trotzdem mein bester Freund. Da sieht man über kleine Charakterschwächen gerne hinweg.

11.

Wir gehen zusammen in unseren Lieblingsdiner, das FiftyFive. Dort hauen wir uns ein paar Burger rein und trinken Cola.

Mein seltsames Verhalten ist immer noch Thema Nr. 1. Diesmal ist es Spike, der eine Diagnose wagt. Er schüttelt seine Rastazöpfe und reibt sich verschlafen über die Augen. Vermutlich hat er den ganzen Tag in der Schule gepennt. Spike schläft nämlich überall und ständig: im Unterricht, auf dem Fahrrad, während er ein Mädchen küsst.

Jetzt sagt Spike mit seiner schleppenden Stimme: »Yo, Mann. Ich weiß genau, was dir fehlt, Felix. Du musst mehr relaxen. Du hast Burnout.«

»Aber ich habe doch gar nichts gemacht«, sage ich.

»Ja, das ist das schlimmste Burnout von allen. Der Tu-nix-Burnout. Kann man nur heilen, indem man noch krasser nix tut.

Glaub's mir. Ich leide auch drunter, aber ich bin auf dem Weg der Besserung.«

Ein dumpfes Gefühl sagt mir, dass Spikes Tipp mir nicht weiterhilft.

Mein Problem ist ein anderes. Ich habe heute Morgen am Frühstückstisch meine Seele verkauft. Da hilft auch kein Relaxen.

Mike hat bisher gar nichts zu der Sache gesagt. Das ist schade. Auf ihn baue ich nämlich. Mike ist nicht nur hyperschlau, sondern auch megaklug. Er hat einen IQ von 148, wofür er sich schämt. Er glaubt fest daran, dass kein Mädchen sich in einen megaklugen Typen verliebt. Deswegen stellt er sich oft dumm, was dazu führt, dass sich wirklich kein Mädchen in ihn verliebt.

Mike sieht mich mit zusammengekniffenen Augen an und sagt: »Du hast Stress mit deinen Eltern, stimmt's?«

»Stimmt«, sage ich.

»Was ist passiert?«

»Ich musste ihnen heute Morgen versprechen, ab sofort nichts mehr anzustellen. Keine Chaos-Aktionen, keine Sabotage-Akte, keine nächtlichen Spray-Runden. Nichts. Ich muss ab sofort 100 Prozent brav sein.«

»Krass«, sagt Musti.

»Der Hammer«, sagt Mike.

»Du hast deine Seele verkauft«, sagt Spike.

Ich nicke niedergeschlagen. »Ja, so sieht es aus.«

12.

Ich verbringe den restlichen Nachmittag und den Abend in meinem Zimmer.

Hier hänge ich schlecht gelaunt auf meinem Bohnensack-Sessel herum.

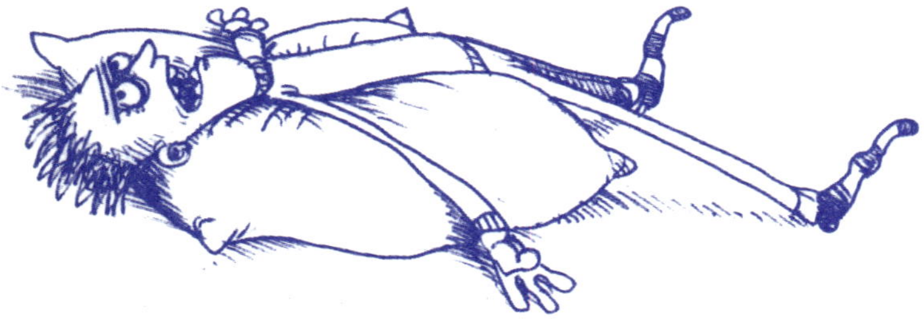

Hier liege ich komatös auf meinem Bett.

Und hier imitiere ich meine eigene Leiche auf dem Fußboden.

Mein sinnloses Leben war noch nie so sinnlos wie an diesem sinnlosen Abend. Es ist sozusagen supersinnlos.

Grummel und Doppelgrummel!

13.

Mein Dad kommt in mein Zimmer, um mit mir zu reden. Als er mich auf dem Fußboden liegen sieht, denkt er zuerst, ich sei wirklich tot.

Ich hebe den Kopf und sage: »Zu früh gefreut, Dad. Ich lebe noch. Was gibt es denn?«

»Ich wollte mit dir reden, Felix. Von Mann zu Mann.«

»Okay.«

Mein Dad setzt sich auf mein Bett und nickt mitfühlend. »Du machst gerade einen wichtigen Schritt in Richtung Erwachsenwerden, Felix, glaub mir. Irgendwann erkennt man, dass man seine Zeit nicht immer weiter mit Unsinn verschwenden sollte. Du bist nun dabei, ein verantwortungsvolles Mitglied der Gesellschaft zu werden.«

»Und was habe ich davon?«

»Na ja, du bist dann erwachsen.«

In meinem Inneren erwacht irgendetwas zum Leben. »Und wenn ich erwachsen bin, kann ich über mich selbst bestimmen, oder?«

»Ja, das gehört zum Erwachsensein dazu.«

»Niemand kann mir dann mehr Dinge vorschreiben oder verbieten, stimmt's?«

Mein Dad will schon antworten, riecht aber den Braten. Er lacht und sagt: »Deine Mutter und ich meinen es nicht böse, Felix. Glaub mir, wir wollen nur dein Bestes. Anstatt rumzuhängen und Trübsal zu blasen, solltest du etwas Sinnvolles tun.«

»Hab ich schon. Hab mir vorhin die Fußnägel geschnitten.«

»Na, siehst du. Und jetzt könntest du dein Zimmer aufräumen und Schulaufgaben machen.«

»Hast du nicht von sinnvollen Dingen gesprochen?!«

»Ach, Felix. Eigentlich weißt du doch, dass wir recht haben, oder?!«

Eigentlich weiß ich, dass ich gleich vor Frust und Langeweile in meine Einzelatome zerfallen werde. »Ich denke drüber nach, Dad. Und jetzt würde ich gerne alleine sein.«

»Klar, mein Junge. Das verstehe ich.«

14.

Drei Tage vergehen, ohne dass sich mein Zustand verbessert. Ich hänge herum und mache gar nichts. Ich bin megafrustriert, hyperschlecht gelaunt und teragrummelig.

Als ich vor schlechter Laune fast schon gestorben bin, greife ich zu einem bewährten Geheimrezept. Ich packe meinen Zeichenblock aus und entwerfe ein neues Comicabenteuer an.

Ich will nämlich eines Tages Comiczeichner werden. Itazura-Man ist der Held meiner Serie. Er ist ein Superheld, der in der Gigantopole Hamber-City lebt. Er bekämpft die Liga der Superschurken und muss ständig die Welt retten. Leider geht dabei immer wieder das eine oder andere Hochhaus zu Bruch. Oder Itazura lässt aus Versehen ein Flugzeug abstürzen. Oder er reißt einen Staudamm ein. Was halt so passiert beim Weltretten.

In dem Abenteuer, das ich heute zeichne, geht es darum, dass die Einwohner von Hamber-City einen Volksentscheid gemacht haben. Sie haben Itazura-Man mit Berufsverbot belegt. Seitdem treibt zwar die Liga der Superschurken ihr Unwesen in der Stadt. Aber dafür macht Itazura eben auch nichts kaputt.

Itazura lebt also arbeitslos in seinem Haus, guckt Fernsehen und langweilt sich zu Tode.

Er weiß einfach nicht, was er machen soll. Er ist megafrustriert, hyperschlecht gelaunt und teragrummelig.

Am liebsten würde er sich vom Dach eines Hochhauses stürzen, aber er kann ja fliegen! Das hätte also wenig Sinn!

Dann aber hat Itazura-Man eine Idee. Er ist nämlich seit Ewigkeiten in Ninuko Kawamura verliebt, das schönste, netteste und süßeste Mädchen der Stadt. Leider hat er wegen dem ganzen Weltretten nie Zeit, ein Date mit ihr zu vereinbaren.

Jetzt aber hat er alle Zeit der Welt. Darum ruft er Ninuko an und die beiden verbringen einen superromantischen Abend miteinander. Ganz am Ende küssen sie sich sogar ...

Schmatz und Doppelschmatz!

15. MÄDCHEN!

Das bin ich, wie ich in meinem Zimmer herumhüpfe, als hätte mich jemand mit 10.000 Volt aufgeladen! Jubel und Doppeljubel!

Endlich weiß ich, was ich tun muss. Endlich habe ich die Lösung für mein Langeweile-Problem gefunden!

Ich muss einfach dasselbe tun wie Itazura-Man! Ich brauche ein Date! Und zwar so schnell wie möglich.

Meine Eltern haben mir zwar alles verboten, was Spaß macht. Aber eine Sache nicht: Mädchen!

16.

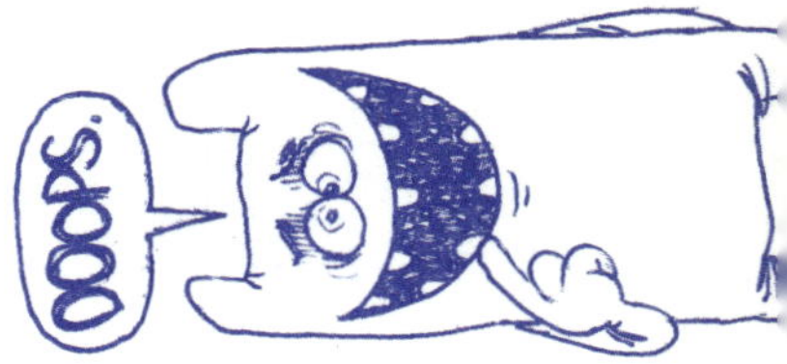

Mein Plan begeistert mich so sehr, dass ich auf einmal superviel überschüssige Energie habe. Die muss ich unbedingt loswerden!

Also gehe ich rüber in Jennis Zimmer, um sie zu ärgern. Grins und Doppelgrins.

Jack Russel liegt schon im Bett und hat sich tief unter ihrer Decke vergraben. Ich nehme Anlauf und springe mit einem Riesensatz auf sie drauf!

Bombe und Doppelbombe!

Anstatt des üblichen Kreischens höre ich allerdings eine tiefe Stimme von unter der Bettdecke: »Ey, welcher bekloppte Idiot springt denn hier einfach auf uns drauf?! Das ist ja gemeingefährlich!«

Ooops! Ist Jenni jetzt im Stimmbruch oder was?

Da aber höre ich Jennis vertraute Kläff-Stimme unter der Decke: »Es gibt nur einen bekloppten Idioten in diesem Haus, der so etwas macht. Mein bekloppter, idiotischer Bruder Felix.«

Jennis Kopf schält sich aus der Decke hervor – und

kurz darauf auch der Kopf eines Jungen, der offenbar gerade mit ihr zusammen im Bett liegt. Und zwar nackt.

»Wer ist das denn?«, frage ich erstaunt.

»Das ist Lucas, mein neuer Freund«, erklärt Jenni.

Ich grinse. »Hi, Lucas. Du musst Pfadfinder sein. Die Tatsache, dass du dich freiwillig mit meiner Schwester ins Bett legst, ist bestimmt deine gute Tat für heute.«

Lucas grinst ebenfalls. »Na ja, wenn ich ehrlich bin, mag ich Jenni echt gerne.«

»Wir machen alle mal Fehler. Aber beschwer dich hinterher nicht, dass ich dich nicht gewarnt hätte.«

Jennis Gesicht nimmt die Farbe von Ketchup an. »Mann, Felix. Wie wäre es, wenn du dich und deine Pickel aus meinem Zimmer schiebst? Du störst.«

»Ach ja?! Wobei denn?«

»Spricht für sich, dass du das nicht weißt«, sagt Jack Russel und grinst.

Verdammt, denke ich. Das war ein Eigentor. »Ich suche mir auch bald eine Freundin, mit der ich dann Sachen mache, bei denen ich nicht gestört werden möchte.«

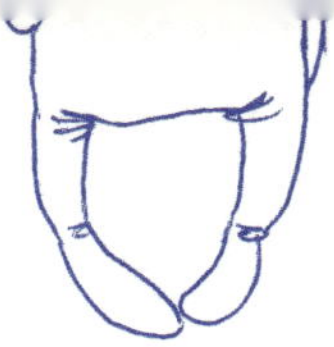

»Das arme Mädchen tut mir jetzt schon leid.«

»Und mir tut Lucas leid. Andererseits könnte er mit dir den Peinlichste-Freundin-der-Welt-Wettbewerb gewinnen.«

Ich weiß genau, dass Jack Russel sich jetzt am liebsten auf mich stürzen würde. Geht aber leider nicht, weil sie nackt ist. Lach und Doppellach.

Ich stehe auf, nicke den beiden noch einmal zu und sage mit lammfrommer Stimme: »Wissen Mom und Dad eigentlich, was ihr hier macht? Nein? Keine Sorge, ich halte dicht.«

Im Herausgehen höre ich, wie Lucas sagt: »Du, ich finde, dein Bruder ist echt in Ordnung. Total nett. Echt.«

Jack Russels Antwort geht in einem seltsamen Gurgeln unter. Das ist einfach zu viel für sie.

17.

In Wahrheit bin ich natürlich total neidisch auf Jenni. Stöhn und Doppelstöhn!

Denn mal ehrlich. Meine Schwester hat einen Charakter wie ein Zwergpinscher mit ADHS-Syndrom und Kläffzwang.

Sie hat einen Putzfimmel, einen Kosmetikfimmel, einen Klamottenfimmel und einen Frisurenfimmel.

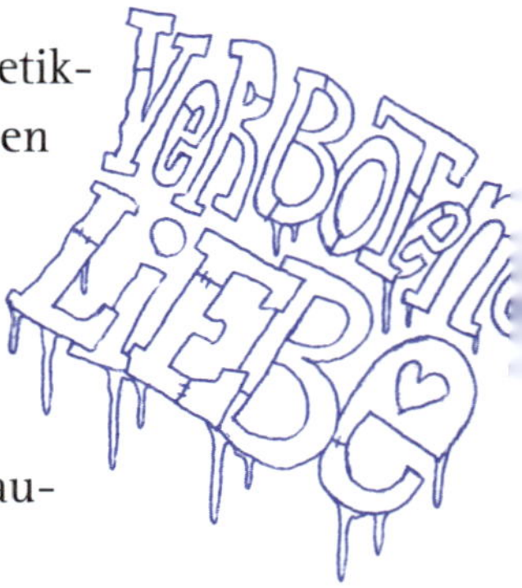

Sie steht auf Robert Pattinson.

Sie ist gut in der Schule.

Sie sieht Verbotene Liebe.

Sie glaubt, dass Kaugummis an Kaugummi-Bäumen wachsen.

TROTZDEM HAT SIE EINEN FREUND.

Ich dagegen bin solo! Kein Mädchen ist auch nur am Horizont zu erkennen, mit dem ich zusammen sein könnte.

Von Küssen gar nicht zu reden!

Schmoll und Doppelschmoll!

18. NiCOLE

Meine letzte Freundin hieß übrigens Nicole. Wir haben uns in der Tanzstunde kennengelernt. Obwohl ich sie aus Versehen aus dem Fenster geworfen habe, hat sie sich in mich verliebt. Und ich mich in sie.

Wir waren ein echtes Traumpaar.

Aber nur eine Woche. Dann haben wir uns gestritten. Ich fand sie zu hochnäsig und sie mich zu chaotisch. Ich habe ihr zu viel Playstation gespielt und sie mir zu wenig. Sie konnte meine Freunde nicht leiden und ich nicht ihre Freundinnen.

Wir haben gar nicht mehr aufgehört, uns zu streiten.

Musti meinte, Nicole wäre nicht meine Freundin, sondern meine Streitin.

Er hatte recht.

Eines Abends stand Nicole dann vor mir und sagte: »Eigentlich bist du total nett, Felix. Aber ich glaube, wir passen nicht zusammen.«

»Das glaube ich auch. Und ich finde dich auch total nett.«

»Wow! Wir sind einer Meinung.«

»Ja, irre. Ist das erste Mal.«

Immerhin hat sie mir zum Abschied einen langen, leidenschaftlichen Kuss gegeben. Ich weiß also, dass sie mich wirklich gernhatte. Und ich hatte sie auch gern. Aber es hat nicht gereicht.

Seufz und Doppelseufz!

19.

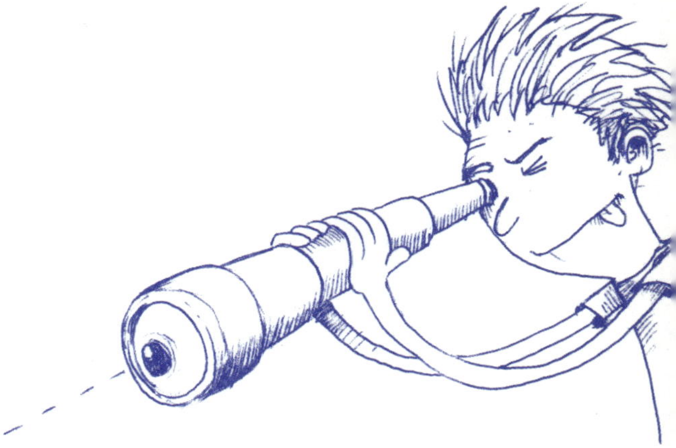

Das nächste Mal möchte ich mich auf jeden Fall in das 100 Prozent richtige Mädchen verlieben.

In eine, bei der alles stimmt.

Die ich wirklich mag.

Und die mich wirklich mag.

Und die sich sicher ist, dass wir gut zusammenpassen.

Eine, die nicht findet, dass ich zu viel rumhänge.

Die nichts gegen meine Freunde hat.

Oder gegen meine nächtlichen Spray-Aktionen.

Eine, die mein Itazura-Comic genial findet und an meine Zukunft als Comiczeichner glaubt.

Die vielleicht selbst ein bisschen chaotisch ist.

Kurz und knapp: Ich möchte das perfekte Mädchen finden!

20.

Aber wie findet man das perfekte Mädchen? Vielleicht sollte ich zur Polizei gehen und eine Vermisstenanzeige aufgeben.

Der Polizist würde dann sagen: »Ihre Freundin ist verschwunden? Wie sieht sie denn aus?«

»Das weiß ich doch nicht. Ich muss sie ja erst noch finden. Aber blond wäre ganz gut. Ungefähr so groß wie ich, schlank und hübsch. Und nett muss sie sein.«

»Junger Mann, kann es sein, dass Sie uns verarschen wollen?«

»Niemals! Ich suche doch nur eine Freundin!«

»Nun, wie wäre es, wenn Sie die nächste Nacht in unserer Zelle verbringen und noch einmal über die Sache nachdenken?!«

Schluck und Doppelschluck.

Polizei geht also schon mal nicht.

21.

Die meisten Jungs, die ich kenne, haben ihre Freundin an der Schule kennengelernt.

Aber das wird bei mir nicht funktionieren. Mein Image als Probleminator und Chaosstifter sitzt viel zu tief. Inzwischen bin ich zwar ganz anders. Aber bis sich das bei den Mädchen an der Schule herumgesprochen hat, haben wir längst Abitur, haben studiert, haben gearbeitet und sind in Rente!

Und ich will nicht erst 70 Jahre oder so werden müssen, bis ich eine Freundin habe!

Ich könnte natürlich einfach mit Musti, Spike & Mike ins FiftyFive gehen und die Mädchen anquatschen, die dort rumhängen.

Aber um ehrlich zu sein: Die meisten Girls dort sind superattraktiv, ultramodisch und megaselbstbewusst.

Darum sind sie ziemlich wählerisch, was Jungs angeht. Man muss schon echt hammerspitzensupermäßig aussehen, um an sie ranzukommen. Man muss einen muskulösen Hollywood-Superstar-Body haben, um bei ihnen zu landen. Und man muss der Flirtinator schlechthin sein, um mit ihnen ins Gespräch zu kommen. Ihr wisst schon: Immer lächeln, immer einen coolen Spruch auf Lager haben, immer das Richtige zum richtigen Zeitpunkt sagen.

Und ich bin nun mal ein Meister darin, das Falsche zum falschen Zeitpunkt zu sagen.

Verdammt, muss ich mich etwa damit abfinden, für den Rest meines Lebens Single zu bleiben? Ich brauche dringend eine geniale Felix-Rohrbach-wie-finde-ich-eine-Freundin-Idee!

22.

Am nächsten Abend treffe ich mich mit Musti, um die Sache durchzuquatschen. Wir hängen in meinem Zimmer rum, hören mit 1.000 Dezibel die neusten Songs vom Wu-Tang Clan und reden über Mädchen.

Musti ist zwar auch nicht unbedingt ein Mädchen-Checker, aber wenigstens hat er immer ziemlich gute Ideen.

»Diesmal darf einfach nichts schiefgehen, Musti. Ich muss das perfekte Mädchen finden! Ich will endlich glücklich werden«, erkläre ich ihm.

Musti reißt eine XXL-Tüte Nachochips auf und schüttet sich den gesamten Inhalt in den Mund. Dann sagt er schmatzend: »Mann, Alter, ich liebe Nachochips.«

»Kannst du bitte einmal nicht über Essen reden?!«

»Du liebst Mädchen, ich liebe Essen.«

»Aber Mädchen kann man nicht im Supermarkt oder am Kiosk kaufen.«

»Okay, hassu recht. Muss ich nachdenken, Digger.«

Während Musti nachdenkt, schiebt er sich zwei Rollen Pringles Cheese & Onion rein. Ich lasse ihn in Ruhe, weil ich weiß, dass Musti die besten Ideen hat, wenn er isst.

Schließlich schnippt er mit dem Finger und sagt: »Lösung für dein Problem ist voll einfach, Felix.«

»Echt?! Lass hören!«

»Findest du Freundin genau da, wo du auch alles andere findest: im Internet.«

Ich sehe Musti überrascht an: »Du meinst, ich soll online-daten? Mann, das ist doch was für Dicke. Äh, ich meine für Loser! Äh, für andere jedenfalls.«

»Chill, Felix. Internet ist cool. Wir machen ganz normal Facebook. Aber vorher, wir pimpen dich voll auf, so facebook-mäßig. Ich mache auch mit. Ich suche zwar keine Freundin, aber wenn ich finde, ist auch nicht schlimm.«

»Was meinst du mit aufpimpen?«

»Guckst du, bitte, zeig ich dir.«

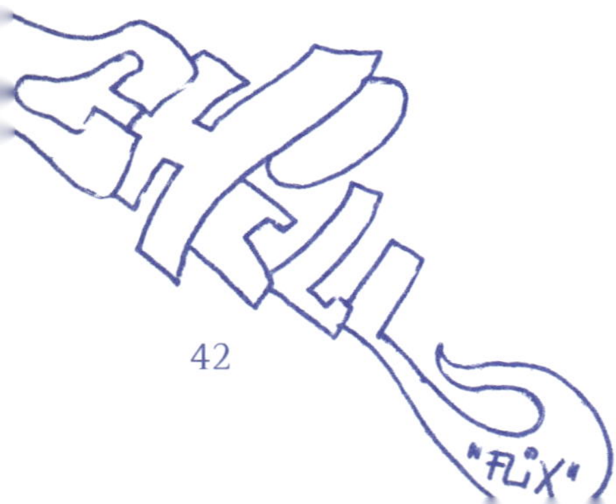

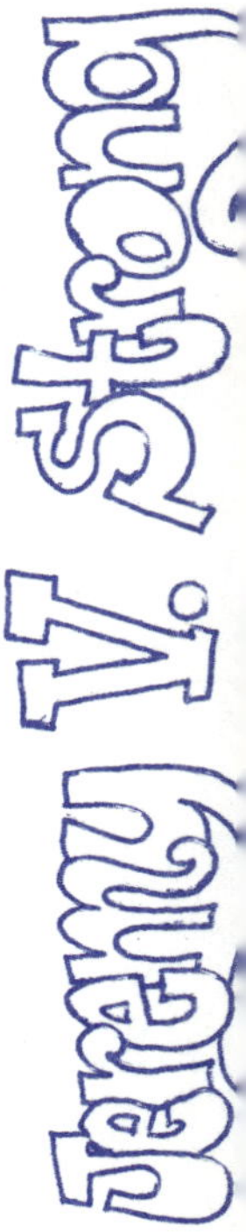

23.

Den restlichen Abend verbringen wir damit, uns aufgepimpte Facebook-Accounts zuzulegen. Soll heißen: Wir faken, was das Zeug hält.

Besonders Musti ist hemmungslos und lügt bei so ziemlich allem, außer bei seinem Alter. Er legt sich einen Account mit dem Namen Jeremy V. Strong zu. Wobei das V. für »very« steht.

Als Profilbild lädt er ein leicht verschwommenes Urlaubsfoto von sich hoch, auf dem er total schlank aussieht und entfernte Ähnlichkeit mit dem jungen Johnny Depp hat. Dann erstellt er mit Fotoshop allerlei Aufnahmen, die ihn auf einem Jet-Ski vor der Küste von Florida zeigen, beim Hundeschlitten-Rennen in Finnland, beim Fallschirmspringen in den Alpen und beim Wake-Boarding auf Hawaii. (In sein Fotoalbum lädt er außerdem gefakte Bilder, auf denen er neben Brad Pitt, Jimi Blue Ochsenknecht oder dem Sänger von Empire of the Sun steht.

Als er gerade ein Bild erstellt, auf dem er Emma Watson küsst, wird es mir zu bunt.

»Ey, Musti. Findest du nicht, dass du übertreibst? Das bringt doch nichts.«

»Chill, Alter. Willst du Mädchen daten, musst du dich voll krass sexy attraktiv interessant machen.«

»Aber wenn das Mädchen dich dann in echt sieht, wird sie total sauer sein.«

Musti zuckt mit den Schultern. »Habe ich lieber ein Date mit einem Mädchen, das total sauer ist, als gar kein Date. Solltest du auch machen. Ist logisch?!«

»Ja, ist logisch«, sage ich lachend.

Also erstelle ich mir auch ein Account, bei dem einfach nichts stimmt. Ich komme als cooler, sportlicher Sunnyboy mit einem turbogeilen Body und mächtig viel Kohle rüber. Ich nenne mich Walden F. Schmidt. Das F steht für Felix – ist also nicht gefakt.

24.

Drei Tage später.

Verdammt, ich habe Muskelkater in den Fingern! Außerdem sind meine Augen inzwischen genauso viereckig wie mein Computer-Bildschirm. Und müde bin ich auch. Weil ich seit 72 Stunden praktisch nichts anderes mache, als auf Facebook zu chatten!

Und zwar nicht mit irgendwem. Sondern mit den hottesten Girls der Stadt!

Sie sind alle total scharf darauf, mich und Musti kennenzulernen – also Walden F. und Jeremy V.

Die letzten Chats waren schon pures Flirten! Der Hammer, wie weit Mädchen gehen, wenn sie einen Jungen richtig gut finden!

Besonders begeistert bin ich von einem Mädchen, das Veronica Zuckersüß heißt und so hot ist, dass ich es kaum glauben kann. Ihre blonden Haare leuchten wie Gold. Ihre Augen sind himmelblau und so groß wie die eines Tiefseetintenfischs. Und ihr Lächeln ist so süß wie ein McFlurry von McDonald's.

Sie ist einfach unwiderstehlich. Ich bin jetzt schon total verliebt in sie!

Das Allerbeste ist, dass Veronicas beste Freundin sich in

Musti online-verliebt hat. Sie heißt Pradana Gucci, sieht ebenfalls superhot aus und ist die Tochter eines Multimillionärs. Sie steht auf supersportliche Typen wie Musti ... okay, könnte sein, dass es ein paar Missverständnisse geben wird, wenn wir vier uns zum ersten Mal sehen.

Aber das kriegen wir schon irgendwie hin.

Jedenfalls haben Musti und ich für Samstagabend ein Doppel-Date vereinbart. Das wird garantiert der Wahnsinn! Besser gesagt: der Doppel-Wahnsinn!

25.

Noch 72 Stunden bis zu unserem Date. Ich werde allmählich nervös. Was, wenn die Mädchen uns bei der Polizei, dem FBI, dem BND oder unseren Eltern anzeigen? Weil wir sie angelogen haben?!

Was, wenn sie in Begleitung von irgendwelchen Typen kommen, die wirklich so sportlich sind, wie wir nur vorgeben zu sein? Und die uns dann verprügeln?

Schluck und Doppelschluck!

26.

Noch 48 Stunden.

Musti ist im Gegensatz zu mir die Ruhe selbst.

»Machst du keinen Stress, Felix. Wird cooles Date«, erklärt er mir.

»Bist du gar nicht nervös?«

»Nix die Spur.«

»Aber es wird ein totales Fiasko, wenn die Girls uns sehen.«

»Wieso? Vielleicht denken sie, dass wir besser sind als das, was in Facebook steht.«

»Ja, vielleicht. Vielleicht aber auch nicht. Darum sollten wir das Date lieber absagen«, schlage ich mit schwacher Stimme vor.

»Musst du Optimist sein, Felix. Mädchen mögen Optimisten.«

27.

Noch 24 Stunden.

Musti hat recht. Ich muss ein Optimist sein. Mädchen stört es nämlich gar nicht, wenn man ein wenig flunkert.

Hauptsache, man ist nett und höflich zu ihnen und sorgt dafür, dass sie eine gute Zeit haben!

Wir sollten uns lieber überlegen, was wir morgen Abend mit den beiden Girls unternehmen wollen.

Wenn wir einen guten Plan haben, dann rennen sie vielleicht nicht sofort schreiend davon, wenn sie uns sehen!

Obwohl ich es nicht glaube.

Schwitz und Doppelschwitz!

28.

Samstagmorgen. Noch 12 Stunden bis zum Date.

Ich mache die Augen auf und denke: Felix Rohrbach! Du bist der größte Idiot aller Zeiten! Du hast deinen Eltern hoch und heilig versprochen, keinen Unsinn mehr anzustellen. Und was tust du? Du stellst den totalen Unsinn an!

Ich bleibe bis mittags im Bett liegen und hoffe, dass die Erde von einem Riesenkometen getroffen wird und untergeht.

Alternativ würde auch ein Hurrikan, kombiniert mit einem Erdbeben und einem Tsunami, reichen!

Oder könnte nicht wenigstens ein Flugzeug über der Stadt abstürzen?!

Ein Zugunglück?

Ein Großbrand?

Irgendetwas, das mir einen Grund liefert, einfach im Bett zu bleiben?!

29.

Ich muss der Wahrheit ins Gesicht sehen! Die Welt wird heute nicht untergehen. Ich muss also aufstehen und mich für mein Date vorbereiten!

Als Erstes gehe ich ins Badezimmer. Waschen ist immer gut! Auch da, wo ich mich sonst nie wasche: zwischen den Zehen, am Hals und an Stellen, die euch gar nichts angehen! Ich will schließlich strahlen wie ein frisch polierter Porsche, wenn ich das erste Mal vor sweet Veronica trete!

Dann untersuche ich meinen Kleiderschrank. Ich denke mal, dass ein Supergirl wie sie von ihrem Date einen coolen Look erwartet. Ich darf nicht zu geschniegelt, aber auch nicht zu lässig rüberkommen. Elegant, aber nicht spießig. Gepflegt, aber nicht steif. Teuer, aber nicht angeberisch. Modisch, aber nicht überkandidelt. Chic, aber nicht extravagant ... Blablabla.

Die Realität ist, dass ich sowieso nur Jeans und Sweatshirts besitze!

Worüber mache ich mir eigentlich Gedanken?!

Obwohl, stimmt gar nicht. Meine Mom hatte mir letztes Jahr für mein Schulpraktikum einen Anzug gekauft. Und der sieht wirklich hot aus!

Das ist die Lösung!

30.

Als ich kurz darauf runter in die Küche komme, sehen meine Eltern mich an, als hätte ich drei Arme, fünf Beine und mindestens zehn Nasen.

Sprich, als wäre ich nicht Felix, sondern ein seltsames Körperfresser-Alien, das in die Haut ihres Sohnes geschlüpft ist.

Nachdem sie sich von ihrer Überraschung erholt haben, sagt meine Mutter: »Wow! Felix! Du siehst super aus! Was hast du denn Schönes vor?«

»Treffe mich mit einem Mädchen.«

»Ach, mit wem denn?«

»Sie heißt Veronica.«

»Ist sie auf deiner Schule? Oder woher kennt ihr euch?«

»Das ist kompliziert, Mom.«

Das Problem ist, dass meine Mutter ein wandelnder Lügendetektor ist. Sie ist von Beruf Rechtsanwältin und sie weiß einfach, wenn ich flunkere.

Ich wiederum weiß, wenn sie weiß, dass ich flunkere. Und sie weiß es, wenn ich es weiß, dass sie es weiß. Ihre Augen werden dann so schmal wie Rasierklingen. Ihre

Lippen dünn wie Striche. Ihre Augenbrauen gebogen wie ein McDonald's-M. Und die Falten auf ihrer Stirn erinnern an eine Luftaufnahme vom Himalaja.

»Felix! Da stimmt doch irgendetwas nicht«, sagt sie mit strenger Stimme.

Ich will gerade zu einer Notlüge greifen, als mein Dad mir zuvorkommt. Mit milder Stimme sagt er: »Ach, Schatz. Lass ihn doch. Ich wollte in seinem Alter auch nie über die Mädchen sprechen, mit denen ich verabredet war. Jedenfalls nicht mit meinen Eltern.«

Das Gesicht meiner Mutter entspannt sich. »Du hast recht. Dann drücken wir dir einfach die Daumen, Felix. So toll, wie du aussiehst, verliebt sich jedes Mädchen sofort in dich.«

»Ich wäre schon froh, wenn sie nicht die Polizei holt«, hauche ich mit leiser Stimme.

31.

Musti ist offenbar auf denselben Gedanken gekommen wie ich. Er hat auch seinen besten Anzug angezogen.

Allerdings muss man wissen, dass Musti von einer Karriere als Gangster-Rapper träumt. Anzug bedeutet bei ihm also Trainingsanzug, und zwar aus Ballonseide und in Hochglanz.

Außerdem trägt er ungefähr 25 Goldketten um den Hals, an jedem Finger einen Ring und ein umgedrehtes Basecap auf dem Kopf.

Er sieht aus wie eine Kreuzung aus Notorious B.I.G. und Rick Ross.

Als Musti mich sieht, macht er mit den Händen kreisende Rapperbewegungen und sagt: »Yo, Mann. Siehst du voll gut aus, Felix. Wie Autoverkäufer!«

»Ist das ein Kompliment?!«

»Logisch. Hab ich Cousin, wo ist Autoverkäufer. Ist voll krass cooler Typ.«

»Verstehe. Du siehst auch scharf aus. Wie jemand, der in der ersten Runde von DSDS scheitert.«

»Yo, Mann. Weiß ich doch. Dieses Pradana-Girl wird voll auf mich abfahren! Und Veronica wird sich in Mikrosekundenbruchteil in dich verlieben, Felix.«

»Ganz bestimmt.«

32.

Pünktlich um halb acht betreten Musti und ich das FiftyFive, wo wir mit den beiden Supergirls verabredet sind. Da es Samstagabend ist, ist der Laden schon ziemlich voll. An fast allen Tischen sitzen Gruppen von Jugendlichen, die Burger essen, quatschen und sich amüsieren.

Als Erkennungszeichen hatten wir mit Veronica und Pradana verabredet, dass sie zwei weiße Rosen in der Hand halten. Musti und ich halten rote Rosen in der Hand.

Nach ein wenig Suchen entdecken wir einen Tisch, an dem zwei Mädchen mit weißen Rosen sitzen.

Sie sehen zu uns herüber.

Sie werden blass.

Sie bekommen Atemnot.

Sie rudern hilflos mit den Armen in der Luft.

Sie imitieren mit den Fingern

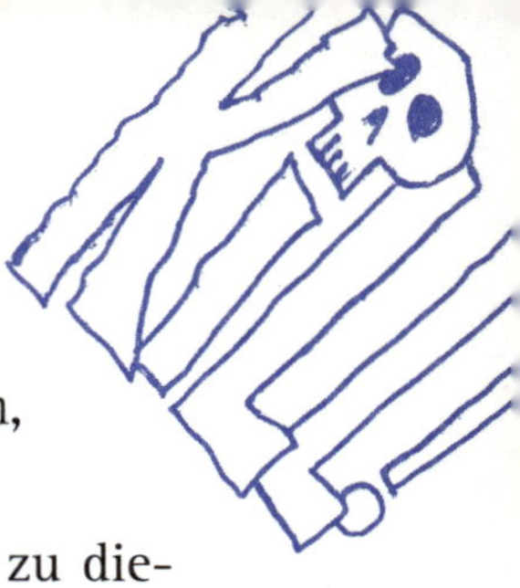

Pistolen, die sie sich an die Schläfen halten und abdrücken.

Dann rutschen sie krachend unter den Tisch, wo sie ohnmächtig liegen bleiben.

Aber wisst ihr, was?! Musti und ich liegen zu diesem Zeitpunkt auch schon längst auf dem Boden des FiftyFive und sind ebenfalls ohnmächtig. Weil wir einen Gehirn-Kurzschluss hatten.

Wir haben ja mit einer Überraschung gerechnet. Aber nicht mit so einer.

33.

Kennt Ihr »Die strengsten Eltern der Welt«? Das ist eine kabel-eins-Serie, in der grenzdebile Teenager mit Schrumpfhirn und geistigem Wackelkontakt an exotischen Orten Manieren lernen sollen.

Am Ende der Sendung sind sie natürlich genauso IQ-amputiert wie vorher, aber dafür haben sie etwas von der Welt gesehen.

Und jetzt stellt Euch ein Mädchen vor, das einen Brief an kabel eins schreibt und sich freiwillig darum bewirbt, bei »Die strengsten Eltern der Welt« mitmachen zu dürfen.

Dann wisst Ihr, wer Luisa Schmidt-Hegemann ist.

Und jetzt stellt Euch ein Mädchen vor, das als Berufswunsch Sonnenstudio-Betreiberin angibt, das ihrem Schoßhund Coco lila Hair-Extensions verpasst und das bei der letzten Lateinklausur eine Sechs minus bekommen hat. Weil sie Cäsar für Hundefutter, Cicero für eine Zeitschrift und Seneca für eine Duftseife gehalten hat.

Dann wisst Ihr, wer Katie Wolowski ist.

Ganz zufällig gehen Luisa und Katie auf dieselbe Schule wie Musti und ich, und zwar in unsere Parallelklasse.

Und genauso zufällig hat sich Luisa offenbar im Internet als Veronica Zuckersüß ausgegeben und Katie als Pradana Gucci. Mit anderen Worten: Musti und ich haben ein Date mit den peinlichsten Mädchen der ganzen Schule!

Der ganzen Stadt!

Des ganzen Universums!

Wenn sich das hier herumspricht, müssen Musti und ich auf den Mars auswandern. Und vermutlich hören wir sogar dort noch das Gelächter unserer Mitschüler.

34.

Nachdem Musti und ich wieder bei Bewusstsein sind, sehe ich ihn mit schreckgeweiteten Augen an. »Verdammt, was sollen wir jetzt tun?«

»Müssen wir wegrennen, Felix! So schnell, wie wenn Mafia hinter uns her ist!«

»Genau! Lass uns abhauen!«

»Müssen wir uns notfalls in Gully verstecken. Oder in Kloschüssel. Oder in Mülltonne. Alles besser als ein Abend mit den beiden Horror-Girls!«, sagt Musti.

»Ganz meine Meinung!«

»Aber vorher muss ich den Chicas noch etwas sagen!«, sagt Musti.

»Mach keinen Scheiß, Musti!«

Er hört mir schon gar nicht mehr zu. Er stapft auf den Tisch von Katie und Luisa zu, baut seinen wuchtigen Körper vor ihnen auf und stemmt die Hände in die Hüften. »Hört ihr zu, Ladys. Bin ich voll sauer auf euch. Habt ihr uns mächtig verarscht, was? Habt ihr gemacht Fake auf Facebook! Falsche Fo-

tos! Falsche Name! Falsche Hobbys! Ist voll krass verboten, so etwas!«

Die beiden Mädchen starren Musti ungläubig an. Dann brechen sie in ein lautes, irgendwie gut gelauntes Lachen aus.

»Findet ihr lustig, oder was?!«, empört sich Musti.

»Allerdings, Musti. Oder sollten wir dich lieber Jeremy nennen? Und was ist eigentlich mit Walden F. Schmidt da vorne? Will der uns nicht einmal Guten Abend sagen?!«

Ich schlurfe zum Tisch der Mädchen und sage leise: »Hallo, Girls.«

»Hallo, Felix. Dein dicker Freund beschwert sich gerade«, sagt Luisa.

»Zu Recht«, sage ich.

»Weil wir gelogen haben? Und was ist mit euch?! Ihr habt doch auch alles gefakt?!«

»Na ja ... schätze schon.«

»Ziemlich bescheuert, würde ich sagen. Von uns allen«, sagt Katie.

»Und es ist so megapeinlich«, fügt Luisa hinzu. »Wir haben ein Date! Ausgerechnet mit euch! Wenn sich das an der Schule herumspricht, ist unser Ruf für alle Zeiten ruiniert!«

Würg und Doppelwürg! Das wird ja immer schlimmer.

Ich denke kurz nach und sage: »Sieht so aus, als wenn wir alle irgendwie im selben Boot sitzen.«

Musti scheint das inzwischen auch kapiert zu haben. »Verdammt, ist peinlich für euch. Ist peinlich für uns. Brauchen wir Idee, um aus Schlamassel rauszukommen.«

Luisa und Katie tuscheln miteinander. Dann lächeln sie und sagen: »Warum setzt ihr euch nicht einfach? Mal ehrlich, was soll jetzt noch passieren? Ziehen wir das Date einfach durch.«

Musti und ich tuscheln ebenfalls miteinander. Dann schüttelt Musti den Kopf. »Nie im Leben. Wir gehen!«

Luisa ist enttäuscht und Katie sagt mit Zickenstimme: »Gut, aber dann weiß es am Montag jeder an der Schule. JEDER.«

Musti nimmt vor Schreck zehn Kilo ab. Ich fühle mich wie ein Eisbär, der feststellt, dass die Antarktis über Nacht geschmolzen ist.

»Was soll's, Musti. Warum setzen wir uns nicht einfach und trinken etwas mit den Girls?«, schlage ich vor.

»Yo, Mann. Wenn schlimm nicht schlimmer werden kann, ist nicht mehr so schlimm.«

»Eben.«

Musti und ich setzen uns zu den beiden Peinlich-Girls. Und ein sehr seltsamer Abend beginnt.

35.

Zum Glück ist am nächsten Tag Sonntag. Ich kann ausschlafen. Und ich muss nicht in die Schule. Sehr gut.

So muss ich wenigstens Luisa Schmidt-Hegemann nicht wiedersehen.

Weil ich echt nicht wüsste, wie ich reagieren soll. Ich glaube, es wäre noch peinlicher als gestern Abend im FiftyFive.

Nachdem Musti und ich uns an den Tisch gesetzt hatten, haben wir etwas zu trinken bestellt. Niemand sagte etwas. Die Mädchen nicht. Und wir auch nicht. Wir haben uns nicht einmal angesehen. Während rund um uns herum die Party-People den Samstagabend feierten, saßen wir beieinander, als wären wir auf einer Beerdigung. Irgendwann aber fing Luisa an zu kichern. Hihi.

Dann stieg Katie mit ein. Huhu.

Sogar Musti musste daraufhin lachen. Hoho.

Und dann konnte auch ich nicht mehr ruhig bleiben. Haha.

Plötzlich saßen wir vier um den Tisch und schütteten uns aus vor Lachen – und zwar so laut, dass uns alle anderen im FiftyFive anstarrten. Aber das war uns total egal. Es war echt witzig.

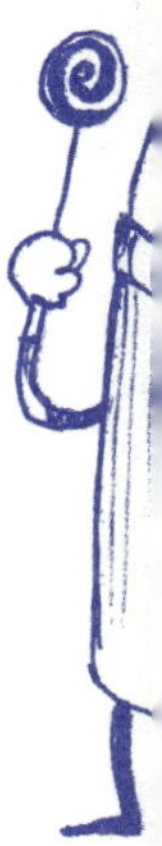

Danach haben wir uns dann doch unterhalten. Und es stimmt schon, Luisa S.-H. ist wirklich seltsam, aber auf ganz andere Art, als ich dachte. Sie liest englische Gothic Novels aus dem 19. Jahrhundert, schreibt Gedichte und sammelt fleischfressende Pflanzen. Soll heißen: Klar ist sie ein Nerd und ein Freak. Aber irgendwie nett.

Katie dagegen ist genau so, wie wir dachten: unterbelichtet und sehr seltsam. Sie träumt davon, Sängerin zu werden, so wie Musti Rapper werden möchte. Und da beide kein Talent, keine Stimme und auch sonst nichts für eine Bühnenkarriere mitbringen, wird der Traum für beide wohl immer ein Traum bleiben. Trotzdem haben Musti und Katie sich gut verstanden. Sie haben die ganze Zeit gequatscht, gelacht und sich gegenseitig ihre Lieblingssongs vorgesungen.

Mir tun immer noch die Ohren weh.

Trotzdem war der Abend erträglicher, als ich befürchtet habe. Eigentlich sogar gut.

Um nicht zu sagen super.

Auf dem Nachhauseweg haben Musti und ich uns trotzdem geschworen, über unser Fake-Date kein Wort zu verlieren. Zu niemandem! Nicht einmal zu Spike und Mike!

Es wird auf ewig unser Geheimnis bleiben. Weil alles andere viel zu megapeinlich wäre.

Außerdem werden wir nie wieder mit Luisa oder Katie auch nur ein Wort wechseln!

36.

Montagmorgen. Ich komme ausnahmsweise mal pünktlich zur Schule. Müde schlurfe ich auf den Schulhof, wo meine Mitschüler in Trauben zusammenstehen und Wetten abschließen, wer am meisten Hausaufgaben nicht gemacht hat.

Plötzlich höre ich quer über den Schulhof eine sirenenhafte Stimme: »Huhu, Felix! Ich bin's, Luisa! Das war ja echt total klasse am Samstag! Hat super Spaß gemacht, unser Date! Wollen wir heute Abend vielleicht wieder etwas unternehmen? Oder morgen? Meinst du, Musti kommt auch mit? Katie ist bestimmt auch dabei! Ich glaube, sie ist in ihn verliebt!«

Auf meine Schule gehen ungefähr 600 Schüler. Weswegen mich jetzt ungefähr 1.200 Augen anstarren. Dann rollt ein Lach-Tsunami über den Schulhof, der das ganze Schulgebäude zum Erzittern bringt.

Schepper und Doppelschepper!

Felix und Luisa hatten ein Date. Das ist so, als wären Angela Merkel und Kingkong zusammen ausgegangen. Oder Cindy aus Marzahn und Spongebob. Oder die Maulende Myrte und Bernd das Brot.

Luisa hat es geschafft. Mein Ruf ist ruiniert. Felix Rohrbach datet das peinlichste Mädchen der Welt. Stöhn und Doppelstöhn.

Ich blicke nach oben in den Himmel. Meine einzige Hoffnung ist, dass zufällig ein Alien-Raumschiff über mir schwebt und mich entführt.

Beam und Doppelbeam!

37.

In dieser Woche stehen drei Klassenarbeiten auf dem Programm. Deutsch, Mathe, Französisch.

Für mich ist das so, als würde ich erst gehängt, dann erschossen und schließlich auf den elektrischen Stuhl gesetzt.

Deutsch ist für mich kein Schulfach, sondern eine Krankheit.

Mathe ist für mich eine Foltermethode. Weil ich zufällig Zahlenallergiker bin.

Und Französisch ist eine Sprache, die einfach niemand braucht. Außer den Franzosen vielleicht. Aber bin ich ja nicht.

Aber wisst ihr, was?! Ich freue mich über die Tests. Echt! Und ich bin nicht verrückt geworden oder so.

Es ist einfach so, dass die Arbeiten mich ablenken. Ich muss nicht daran denken, dass mein mühsam erarbeiteter Ruf an der Schule zerstört ist.

Erstens, weil ich kein Chaot mehr bin.

Zweitens, weil mein Mädchen-Plan gescheitert ist.

Und drittens, weil Luisa Schmidt-Hegemann an mir klebt wie eine Wespe an einem Marmeladenbrot.

Ihre seltsame Begrüßung am Montagmorgen ist nämlich noch nicht alles gewesen. Seitdem wird es immer schlimmer.

Luisa steht zum Beispiel in der großen Pause jetzt oft zufällig neben mir. Und zwischen den Stunden läuft sie mir ständig über den Weg. Einmal hing sie sogar auf dem Jungsklo herum, als ich dringend pinkeln musste.

Ich glaube, sie stalkt mich.

Okay, ab und zu unterhalte ich mich sogar mit ihr. Warum auch nicht? Jetzt weiß sowieso jeder, dass ich mit dem peinlichsten Mädchen des Universums ausgegangen bin.

Dann kann ich mich auch mit ihr über fleischfressende Pflanzen, Comichefte und Vampirromane unterhalten. Oder über Musik von LaBrassBanda, Bücher von Terry Pratchett und Superhelden-Filme.

Oder über die Frage, ob man Mumien wieder zum Leben erwecken kann.

Ob Bäume eine Seele haben.

Ob man aus Nutella, Mandarinen und Cashewnüssen einen Obstsalat machen kann.

Eines muss ich Luisa nämlich lassen. Sie ist zwar wirklich ziemlich seltsam, aber blöd ist sie nicht. Außerdem weiß sie genau, was die meisten Leute an der Schule über sie denken. Aber es ist ihr total egal.

Wenn ich ehrlich bin, beeindruckt mich das.

38.

Mein überraschendes Interesse für die Schule bleibt nicht ohne Wirkung. In der nächsten Woche bekommen wir die drei Klassenarbeiten zurück und jedes Mal passiert dasselbe: Ich starre in mein Heft und stoße seltsame Gurgellaute aus. Röchel und Doppelröchel!

Leide ich an Halluzinationen?

Ist meine Zahlenallergie so schlimm geworden, dass ich auf einmal Sechsen mit Einsen verwechsele? Und Fünfen mit Zweien?

Oder kann es wirklich sein, dass ich in allen drei Arbeiten gute Noten bekommen habe?! Am unfassbarsten ist es in Französisch. Denn mal ehrlich, nach fast zwei Jahren Unterricht kann ich kaum OUI und NON unterscheiden.

Und trotzdem habe ich eine glatte Zwei bekommen, Staun und Doppelstaun!

39.

Nach der Stunde gehe ich zu unserer Französisch-Lehrerin. Sie heißt Frau Gruß-Selig, aber wir nennen sie Frau Gruselig.

Ich halte ihr mein Heft hin und frage: »Haben Sie sich auch bestimmt nicht vertan, Frau Gruselig?!«

»Das habe ich mich auch gefragt, Felix. Wegen dir habe ich nämlich eine teure Wette im Lehrerzimmer verloren. Aber ich befürchte, du hast die Zwei wirklich verdient.«

»Kommt nicht wieder vor. Versprochen, Frau Gruselig.«

»Ganz wie du meinst, Felix. Für die Unverschämtheit mit meinem Namen bekommst du übrigens eine Sechs.«

»Danke! Endlich bin ich wieder ich selbst.«

40.

Auch zu Hause bleibe ich meinem neuen Image als braver Junge treu.

Ich führe unseren Famlienhund Bob aus – und genau wie sonst sammle ich seine Kackwürste zwar ein, lege sie aber nicht meiner Schwester ins Bett.

Ich räume die Spülmaschine aus – anstatt wie sonst die Teller einfach drinzulassen und die Maschine wieder anzustellen.

Ich räume mein Zimmer auf – und anders als sonst schiebe ich meine fünf Millionen Sachen nicht einfach unters Bett.

Ich gehe einkaufen – und gebe das Geld nicht für Schokoriegel aus, um danach meiner Mutter vorzulügen, ich wäre unterwegs von einem als Osterhase verkleideten Terroristen überfallen worden, der mich mit einer angespitzten Banane bedroht hat.

Es ist unfassbar. Aus mir ist wirklich ein ordentlicher, verantwortungsvoller Mensch geworden!

Felix 3.0 – the perfect Gentleman!

41.

An einem Abend gehen unsere Eltern mit Jack Russel und mir in ein französisches Restaurant. Es ist ein ziemlich feiner Laden mit hochnäsigen Kellnern, die Anzüge tragen und am Tisch französisch sprechen.

»Bonsoir, Monsieurdames. Que voulez-vous pour dîner?«, fragt der *Garcon* mit näselnder Stimme.

Dad nickt mir zu. »Jetzt zeig doch mal, was du gelernt hast, Felix.«

»Du meinst, ich soll Französisch reden?!«

»Ja, das wäre lieb«, flötet meine Mom.

Nerv und Doppelnerv. Das hat man davon, wenn man mal eine gute Note schreibt.

Aber was soll's. Ich versuche mein Bestes. Grins und Doppelgrins. Dann sage ich zum Kellner: »Nous tenons deux fois faux-filet steak avec des croquettes et salade pour mes parents. Je vais prendre un hamburger avec des frites. Et ma sœur prend escargots en entrée et nourriture pour chien de cours. Merci.«

42.

Zum Nachtisch essen Jack Russel und ich Eiscreme. Meine Eltern teilen sich eine Auswahl von französischem Käse, der schon zu Zeiten von Ludwig dem XIV. hergestellt worden sein muss. Jedenfalls sieht er so aus und riecht auch so.

Würg und Doppelwürg!

Mom und Dad sind guter Stimmung und sogar Jack Russel ist gut gelaunt. Liegt vermutlich daran, dass ihr das Essen richtig gut geschmeckt hat. Wuff und Doppelwuff!

»Was gibt es eigentlich zu feiern?«, frage ich meine Eltern.

Mom sagt: »Nichts Besonderes. Wir freuen uns einfach, dass wir zwei so tolle Kinder haben. Von Jenni wussten wir das ja schon lange. Aber bei dir, Felix, ist es eine echte Überraschung.«

»Verstehe.«

»Wir wissen, wie sehr du dich in den zurückliegenden Wochen ins Zeug gelegt hast. Und deine

guten Noten beweisen, dass es sich gelohnt hat«, erklärt mein Dad.

»Darüber kann man unterschiedlicher Meinung sein«, sage ich.

»Du hast dir wirklich Mühe gegeben, warst fleißig und hast keinen Unsinn angestellt«, fährt meine Mom fort. »Darum wollen wir dich belohnen. Wenn du weiter so gut in der Schule bleibst, dann kannst du ruhig wieder etwas öfter mit deinen Freunden ausgehen. Und auch wieder etwas unternehmen ...«

Ich blicke meine Eltern überrascht an. Wow und Doppelwow! Wenn ich Mom und Dad richtig verstehe, dann geben sie mir gerade einen Freibrief, damit ich wieder so sein kann, wie ich wirklich bin: ein Chaotinator, ein Unruhestifter, ein Sprayer, ein Jeden-Scheiß-Mitmacher!

»Mom! Dad! Ihr seid die Größten. Ich liebe euch!«, rufe ich so laut, dass sich alle im Restaurant zu uns umdrehen. Mir egal. Jubel und Doppeljubel!

43.

Die passende Gelegenheit, meine neue Freiheit auszuleben, ergibt sich schon am nächsten Wochenende. Unser Mitschüler Jun Yakitori hat sturmfreie Bude und feiert eine Party!

Jun ist ein cooler Dude, der aus Japan stammt. Er geht seit einem halben Jahr auf unsere Schule. Ich habe schon einige abgedrehte Ninja-Aktionen mit ihm durchgezogen. Er ist noch verrückter als ich.

Erst neulich war ich mit Jun nachts sprayen. Er kann Japanisch und hat mir gezeigt, wie man mit Schriftzeichen die abgefahrensten Dinge an die Wand schreiben kann. Dinge, für die man sonst ins Gefängnis kommen würde. Aber wer kann schon Japanisch lesen?!

Die Party von Jun wird bestimmt der Burner. Und wer weiß, vielleicht hat er ja auch ein paar hotte Girls eingeladen! Und ich löse so nebenbei auch noch mein Habe-keine-Freundin-Problem.

44.

Samstag, der Tag der großen Party. Treffe mich schon am Nachmittag mit Musti, Spike & Mike. Wir wollen uns in die richtige Stimmung bringen. Dafür hängen wir in meinem Zimmer rum und hören Earl Sweatshirt. Spike mag keinen Rap und hört per Kopfhörer Reggae von Gentleman.

Die Dudes freuen sich, weil sie in meinem Gesicht dieses spezielle Felix-Rohrbach-Grinsen sehen. Chaos und Doppelchaos. Sie haben es vermisst.

»Yo, Felix. Bist endlich wieder der Alte. Chill cool häng«, sagt Spike und schüttelt seine Dreadlocks.

»Chill cool häng?! Was soll das denn heißen?«, frage ich.

»Keine Ahnung. Klingt aber gut.«

Typisch Spike. Plapper und Doppelplapper. »Du hast recht. Meine Eltern lassen mir wieder eine längere Leine.«

»Korrekt! Dann können wir heute Abend ja richtig chaoten!«, sagt Mike.

»Aber hallo! Die Nacht muss in die Annalen der Menschheit eingehen!«, sage ich.

»Hier. Zum Vorglühen«, sagt Spike und zieht eine XXL-Flasche Wodka aus der Tasche. Er nimmt einen Schluck, gurgelt ein paar Takte und schluckt das Zeug runter. Sauf und Doppelsauf.

Mike ist vorsichtiger. Er nimmt einen Minischluck, gurgelt, schluckt runter und hustet wie ein Ebola-Kranker. »Mann, das ist ja das reinste Gift!«

Musti nimmt auch einen Schluck, schiebt sich direkt danach einen Snickers rein und sagt: »Krieg ich sonst nicht runter. Aber so ist klasse.«

Die Flasche wandert zu mir, aber ich schüttle den Kopf. Die Natur hat mir zum Glück genug natürliche Chaosgene geschenkt. Ich brauche keinen Alkohol, um in Stimmung zu kommen. Die Dudes stört das nicht. Wer trinkt, trinkt. Wer nicht, nicht. Voll chillig. Echte Freunde.

45. Epic Party

Juns Eltern wohnen in einem großzügigen Haus, das mitten in einem riesigen Garten steht.

Als wir mit den Fahrrädern vor dem Haus aufkreuzen, platzt die Bude schon aus allen Nähten. Die Haustür und einige Fenster stehen offen und wir können sehen, dass sich drinnen mindestens 200 Leute drängeln. Party und Doppelparty!

Und was für Leute: hotte Girls und finstere Rocker, Rapper und Skater und Punks, Emo-Mädchen und Hänger-Typen, Anzugträger und Schlabber-Nerds. Einfach alles ist vertreten.

Auch im Garten ist mächtig was los. Obwohl es kalt ist, grillen die Gäste oder werfen sich gegenseitig in den großen Gartenteich. Platsch und Doppelplatsch!

Wir sehen uns ein letztes Mal an – ein eingeschworenes Team auf Party-Mission.

Dann macht Mike eine Handbewegung wie ein General, der seinen Truppen den Angriffsbefehl gibt, und sagt: »Also los! Auf ins Vergnügen.«

46.

Juns Vater arbeitet für eine japanische Elektro-Firma, die Fernseher, Videogeräte und Hifi-Anlagen herstellt. Das Haus ist das reinste Hightech-Studio. In allen Zimmern hängen Riesen-Flatscreens und überall sind kleine, aber schepperlaute Musikboxen versteckt. Jetzt läuft auf allen Screens Party-Musik in Jumbo-Lautstärke. Die meisten Gäste tanzen oder quatschen oder hängen einfach rum. Ein paar Jungs machen mit Mädchen rum. Neid und Doppelneid!

Wir cruisen erst mal durch alle Räume, um die Lage zu checken. Wir treffen 1.000 Leute von der Schule. Laber und Doppellaber. Lach und Doppellach.

Ich quatsche kurz mit Jun, unserem Gastgeber. Er hat sich Bill-Kaulitz-mäßig aufgestylt und sieht aus wie eine Mischung aus Riesen-Kakadu und Kosmetiksalon.

»Ich möchte, dass ihr euch richtig amüsiert, Leute. Diese Party soll uns allen in bester Erinnerung bleiben«, sagt er.

»Worauf du dich verlassen kannst«, sage ich.

»Chill cool häng«, sagen Spike, Mike und Musti wie aus einem Mund.

»Was heißt das denn?«, fragt Jun.

»Nur dass die Jungs richtig Spaß haben wollen«, erkläre ich.

Meine Laune ist so gut wie lange nicht mehr. Was jetzt fehlt, ist eigentlich nur ein tolles Mädchen an meiner Seite!

Ich verabschiede mich von den Dudes, um mich auf die Suche zu machen. Musti, Spike & Mike haben ohnehin eigene Pläne.

Musti geht nach draußen, wo ein paar Jungs die Kois von Juns Vater aus dem Teich angeln und auf den Grill legen.

Spike geht zur Musikanlage, vertreibt den DJ und nimmt das Programm in seine eigenen Hände. Ab sofort läuft Reggae.

Und Mike setzt sich mit den übrigen Technik-Freaks ins Wohnzimmer und quatscht über Astrophysik.

47.

Leider stoße ich bei der Suche nach einem Girl als Erstes auf Robert Maschmann, die alte Schleimlawine. Stöhn und Doppelstöhn!

Robert ist mein Erzfeind Nr. 1 an der Schule. Er hat den Charakter einer Sickergrube, sieht aber leider verflucht gut aus. Und er weiß es.

Robert grinst breit wie ein Pitbull mit künstlichem Gebiss. Er wird von zwei superhotten Mädchen eingerahmt,

die er abwechselnd küsst. Schlabber und Doppelschlabber.

»Hey, Rohrbach. Was geht? So wie ich dich kenne, gar nichts. Na ja, das Mädchen, das sich auf dich einlässt, muss erst noch geboren werden. Bist halt ein Loser! Weißt du übrigens, was ich jetzt mache? Ich gehe mit meinen beiden Freundinnen nach oben ins Schlafzimmer. Wir wollen richtig Spaß haben!«

Girl Nr. 1 jauchzt und sagt mit Honigstimme: »Oh ja, Robert, lass uns hochgehen und richtig Spaß haben. Du bist soooo süß.«

Girl Nr. 2 jauchzt ebenfalls und sagt mit Sahnestimme: »Robert ist der tollste Junge der Stadt. Und er küsst so gut!«

Die drei tapsen kichernd und lachend die Treppe hoch. Ich blicke ihnen hinterher und habe nur einen Gedanken: Kotz und Doppelkotz!

48.

Verdammt, meine gerade noch so gute Laune verwandelt sich in eine verdammt schlechte Laune. Robert hat recht. Wenn heute mädchenmäßig nichts passiert, bin ich wirklich ein Loser!

Plötzlich höre ich hinter mir eine zuckersüße Honigsahne-Stimme, die sagt: »Hey, Felix. Toll, dass du auch hier bist. Ich hab es mir total gewünscht, dich hier zu treffen!«

Ich drehe mich um und blicke in das makellose Supermodel-Gesicht von Sonja Nirumand. Freu und Doppelfreu. Das ist sie, meine große Chance!

Sonja geht auch auf unsere Schule. Ihre Mutter stammt aus Indien und Sonja sieht aus wie die jüngere Schwester von Collien Fernandes – nur noch süßer und noch hübscher und noch sexyr.

Ich weiß schon, wenn Sonja neben mir steht, sehen wir aus wie *Das Model und der Freak*. Aber ungelogen, Sonja mag mich, seit ich damals den Streetart-Graffiti-Preis an der Schule gewonnen habe und berühmt geworden bin.

»Hey, Sonja. Wie geht's dir? Hatte auch voll gehofft, dich hier zu treffen. Du siehst sooooo super aus.« Schleim und Doppelschleim!

»Danke für das Kompliment, Felix. Bin aber gar nicht zufrieden mit meinem Look. Ich habe mir gestern neue Nails machen lassen, aber ist nicht so toll geworden, oder?«

Sie streckt ihre Hände aus und ich blicke auf hochglanzpolierte künstliche Fingernägel, die mindestens fünf Zentimeter lang und mit kleinen bunten Strasssteinchen verziert sind. »Sieht doch klasse aus«, sage ich gequält. Könntest in jedem Horrorfilm mitspielen, schiebe ich in Gedanken hinterher.

»Echt, findest du? Und wie gefällt dir mein neues Kleid? Sieht voll nach teurem Label aus, oder? Ist aber in Wirklichkeit von KiK!«

»Ja, ist ... äh echt sehr ... äh modisch!«

»Und sieh mal, ich hab mir die Haare gefärbt! Vorher hatte ich Black Crystal Shining! Jetzt habe ich Black Star Glittering!«

»Cool. Voll der Unterschied.«

»Weißt du, dass ich mich total gerne mit dir unterhalte,

Felix?! Du sagst immer so interessante Dinge, obwohl ich dir ja gar nicht zuhöre.«

Ich blicke Sonja ratlos an. Jetzt fällt mir wieder ein, warum ich mich bisher nicht auf Sonja eingelassen habe. Weil sie den IQ eines alzheimerkranken Eichhörnchens hat.

Aber heute ist mir das egal. Schließlich will ich mein No-Girlfriend-Problem lösen!

Sonja ist inzwischen so dicht an mich herangerückt, dass sich fast unsere Nasenspitzen berühren. Ich glaube, sie will, dass ich sie küsse. Ob ich es einfach tun soll?

Ich schließe die Augen und spitze die Lippen. Auch Sonja beugt sich noch weiter zu mir. Unsere Lippen sind kurz vor dem Touchdown. Zwei Zentimeter, ein Zentimeter, ein halber Zentimeter. Und ...

49.

Kein Kuss mit Sonja Nirumand!

Denn plötzlich unterbricht uns eine Stimme: »Hallo, Felix! Ich bin es, Luisa. Das ist ja witzig, dass du auch hier bist! Freue mich total. Was macht denn Sonja da? Hat sie Lippenkrämpfe? Ach, egal. Ich muss dir unbedingt etwas erzählen. Du hast mir doch neulich das neue Buch von Benjamin Lebert geliehen. Ich habe es gelesen und finde es großartig. Mir fällt so viel dazu ein, worüber ich gerne mit dir reden möchte.«

Luisa Schmidt-Hegemann! Und sie sieht auch klasse aus, weil sie sich super zurechtgemacht hat. In ihrem Fall freue ich mich wirklich, sie zu sehen!

»Hallo, Luisa, das ist ja eine Überra...«

Weiter komme ich nicht. Denn plötzlich passieren drei Dinge gleichzeitig.

Erstens: Sonja Nirumand packt meinen Kopf wie eine Kampfringerin und drückt mir einen gierigen Kuss auf die Lippen. Schleck und Doppelschleck.

Zweitens: Luisa Schmidt-Hegemann wird blass wie ein Zombie und sagt mit tränenschimmernden Augen: »Ich wollte bestimmt nicht stören, Felix. Ich verzieh mich ... ich dachte, du findest Mädchen wie Sonja blöd, aber da habe ich mich wohl getäuscht. Na ja ... viel Spaß noch.«

Drittens: Meine Laune verwandelt sich nun wirklich binnen Sekundenbruchteilen in eine schwarze, blitzdonnernde Gewitterfront.

50.

Der Rest der Party vergeht wie im Rausch. Liegt nicht daran, dass ich hammermäßig viel trinke oder so. Tue ich nämlich nicht. Liegt einfach nur an meiner Grusel- und Doppelgrusel-Laune.

Erst versuche ich, Sonja loszuwerden. Aber die verfolgt mich wie eine ausgehungerte Boa constrictor.

Dann finde ich Luisa, die heulend auf der Treppe sitzt und in einer metertiefen Tränenpfütze zu ertrinken droht.

Ich setze mich neben sie, um sie zu trösten. Sie aber schreit los.

»Lass mich in Ruhe, Felix Rohrbach! Du kannst ja weiter mit Sonja Superschlau rummachen, wenn du sie so toll findest!«

»Aber ich finde sie gar nicht ...«

»Verschwinde. Ich will dich nie wiedersehen!«

»Aber Luisa. Das ist unfair. Ich will doch gar nichts von Sonja. Also gut, vorhin, am Anfang der Party, dachte ich schon, dass sie vielleicht äh ... die Richtige sein könnte. Aber da wusste ich ja nicht, dass du hier bist. Und das mit dem Kuss, das war doch nur ...«

»Du bist scheußlich«, sagt Luisa und aus ihren Augen sprudeln neue Tränen-Geysire. Ihre Nase entwickelt sich zu einer sprudelnden Rotzquelle. Und ihre Augen sind inzwischen so rot und verquollen, als hätte sie 100 Jahre in einer Badewanne gelegen.

Ganz vorsichtig lege ich meinen Arm um Luisas Schultern ... was wohl ein Fehler ist. Denn Luisas Hand trifft mich mit voller Wucht auf der Wange. Klatsch und Doppelklatsch. Dann springt sie auf und rennt aus dem Haus.

Stöhn und Doppelstöhn. Am besten gehe ich auch nach Hause.

51.

Der nächste Tag fängt erst mittags an. Weil ich superlange ausschlafe. Schnarch und Doppelschnarch!

Aber auch danach habe ich keine Lust aufzustehen. Ich schleiche mich runter in die Küche, schmiere mir ein paar Brote und verziehe mich wieder in mein Zimmer.

Ich gucke Fernsehen, obwohl nur Müll läuft. Egal. Hauptsache Ablenkung.

Stöhn und Doppelstöhn.

Zwischendurch brummt immer wieder mein Handy, weil ich jede Menge SMS bekomme.

Ich lese keine einzige davon. Glaube, dass nichts Gutes drinsteht. Irgendetwas war da letzte Nacht, an das ich mich nicht erinnern kann. Nerv und Doppelnerv.

52.

Nachmittags hämmert es gegen meine Zimmertür. Es ist meine Mom. »Felix? Liegst du etwa immer noch im Bett?«

»Könnte sein. Warum?«

»Weil du ein Faulpelz bist und endlich aufstehen solltest.«

»Geht nicht. Bin gelähmt.«

»Steh trotzdem auf.«

»Wie denn? Bin doppelgelähmt.«

»Musti ist unten. Er wartet auf dich.«

»Himmel. Sag das doch gleich.«

»Also nicht mehr gelähmt?«

»Nur noch ein bisschen.«

53.

Schlurfe mit Musti durch die Straßen. An der Ecke treffen wir Spike & Mike. Unser Ziel ist Juns Haus. Die Dudes meinen, dass es da ein paar Dinge gäbe, um die wir uns besser kümmern sollten.

»Was denn?«, frage ich.

»Sag bloß, dass du dich nicht dran erinnern kannst?!«, fragt Mike.

»Ne, irgendwie nicht. War wohl gestern emotional ein wenig außer Kontrolle. Wegen Sonja. Und wegen Luisa.«

»Mädchen …«, sagt Spike.

»Wer hat so etwas nur erfunden?!«, sagt Mike.

»Braucht niemand«, sagt Musti.

»Ihr habt ja so recht«, sage ich.

Ich fühle mich wie im Film *Hangover*. Obwohl ich weder Drogen genommen noch Alkohol getrunken habe. Trotzdem kann ich mich nicht mehr so richtig an letzte Nacht und den Fortgang der Party erinnern. Beängstigend.

Liegt natürlich daran, dass nach der Sache mit Luisa mein zerebrales Chaoszentrum die Kontrolle über mich übernommen hat. Ich weiß nur noch, dass ich eigentlich nach Hause wollte. Aber an der Tür hielten mich die Dudes auf. Sie wollten mich auf keinen Fall gehen lassen. Schon

NTERGANG

gar nicht
in so einer
Laune. Sie meinten,
dass es nur ein Heilmittel
für mich gäbe: Chaos und Doppel-
chaos ... Tja, anscheinend habe ich mich
von ihnen überzeugen lassen. Ich erinnere mich
zwar an keine Details. Aber ich glaube, es hat echt Spaß
gemacht.

54.

Wir stehen vor dem Haus von Juns Eltern. Das heißt, ich glaube, es ist das Haus von Juns Eltern. Ganz sicher bin ich mir nicht.

Sieht irgendwie anders aus als gestern Abend.

Liegt unter anderem an den meterhohen Graffitis, die die gesamte Frontseite verzieren. Gar nicht schlecht, die Paints! Respekt und Doppelrespekt!

Könnten glatt von mir sein ...

Schluck und Doppelschluck!

Aber das ist bei Weitem nicht alles. An einigen Stellen sind deutliche Rauch- und Feuerspuren am Haus zu sehen. Die Garage ist eingestürzt und der Schuppen mit den Gartengeräten bis auf die Grundmauern niedergebrannt. Möbel liegen im Garten herum, und zwar zum größten Teil in ihre Einzelteile zerlegt. Der große Teich, in dem bei unserer Ankunft riesige Kois schwammen, ist leer. Dafür liegen auf dem Rasen jede Menge Fischgräten herum. Und der Hund von Juns Eltern, ein Bobtail, der gestern noch schwarz war, strahlt in einem neonfarbenen Pink!

»Hm«, mache ich.

»Hm«, machen auch Musti, Spike & Mike.

»Sieht nicht gut aus«, sage ich.

»Gar nicht gut«, sagen Musti, Spike & Mike.

»Das Haus ist eine Ruine«, sage ich.

»Eine Doppelruine«, sagen Musti, Spike & Mike.

»Wer war das?«

»Du«, sagen Musti, Spike & Mike.

55.

Zwei Tage später ist Weltuntergang. Hiroshi Yakitori, Juns Vater, hat sich bei uns zu Hause angekündigt. Er will mit mir und meinen Eltern ein ernstes Wort reden. Außerdem hat er Musti und Mustis Eltern, Herrn und Frau Ködölötöfö, dazugebeten.

Herr Yakitori hat schon am Telefon klargemacht, dass es kein lustiger Besuch wird. Offenbar waren Musti und ich in der Party-Nacht am schlimmsten.

Hiroshi Yakitori trägt eine altmodische Brille, einen astreinen Anzug und eine perfekt gebundene Krawatte. Er ist ziemlich klein. Eigentlich ein Zwerg. Ein japanischer Zwerg.

Jun begleitet seinen Dad, aber abgesehen von einem kurzen Hallo sagt er kein Wort. Er sieht hundeelend aus. Genau wie Musti und ich. Schäm und Doppelschäm.

Herr Yakitori steht in unserem Wohnzimmer, verbeugt sich und sagt: »Ichu mussu michu bei Ihnen entschuldigen, liebe Eltern von Felixu und Musti. Ichu mussu Ihnen die Wahrheito sagen. Ihr Sohn Felixu hat mein Haus zerstört. Und ihre Sohn Musti hat meine Kois aufgegessen. Meine Frau istu sehr traurig. Und meine Versicherung istu auch sehr traurig. Das wird sehr teuer.«

»Wir kommen selbstverständlich für alles auf«, sagt mein Dad sofort.

»Und ich werde meinen Sohn windelweich prügeln. Wenn Sie möchten, sogar vor Ihren Augen, Herr Torihada«, erklärt Mustis Dad.

»Ich heiße Yakitori, Herr Kudurutufu.«

»Und ich heiße Ködölötöfö, Herr Toireisu.«

»Yakitori, Herr Kadurotifu.«

»Ködölötöfö! Verdammt, das ist doch nicht so schwer!«

»Yakitori! Istu auchu nichtu so schweru!«

Im Raum herrscht eine angespannte Stille. Dann verbeugt sich Herr Yakitori erneut und sagt: »Ich denke, dass Felixu und Musti müssen bestraft werden!«

»Natürlich«, sagen meine Eltern.

»Auf jeden Fall«, sagen Mustis Eltern.

»Sehr harte Strafe«, sagt Herr Yakitori.

»Sehr, sehr harte Strafe«, bestätigten alle Eltern.

»Stöhn«, sagt Musti.

»Doppelstöhn«, sage ich.

Herr Yakitori fährt fort: »Ichu denke, die Jungen brauchen Nachhilfe in gutes Benehmen. Darum habe ichu folgenden Vorschlagu. Mein Sohn Jun fährt in den Osterferien zu seinen Großeltern nach Japan. Ich möchte, dass Felixu und Musti ihn begleiten. Vielleicht die beiden lernen in Japan Respektu und Anstando. Was sagen Sie?«

Meine Eltern sehen mich und Musti an, wechseln dann einen Blick mit Herrn und Frau Ködölötöfö.

Dann sagt mein Dad: »Sie sind ein sehr großzügiger Mann, Herr Yakitori. Wir nehmen das Angebot gerne an.«

Mustis Dad nickt ebenfalls und sagt: »Eine sehr gute Idee, Herr Yasuboni. Die Reise wird meinem Sohn bestimmt helfen, etwas verantwortungsvoller zu werden.«

Herr Yakitori nickt und lächelt. »Dann istu es beschlossen! Die drei Jungs fahren in zwei Wochen nachu Japan. Eine gute Entscheidung.«

56.

Das bin ich, nachdem ich checke, dass ich bald nach Japan fahren werde. Ins Land des rohen Fischs, der Samurai und der Playstation. Freu und Doppelfreu!

Und das ist meine Schwester, nachdem sie erfährt, dass ich bald nach Japan fahre. Sie ist Manga-Fan und aktive Cosplayerin. Sie träumt seit 1.000 Jahren davon, mal nach Japan zu fahren. Schrei und Doppelschrei!

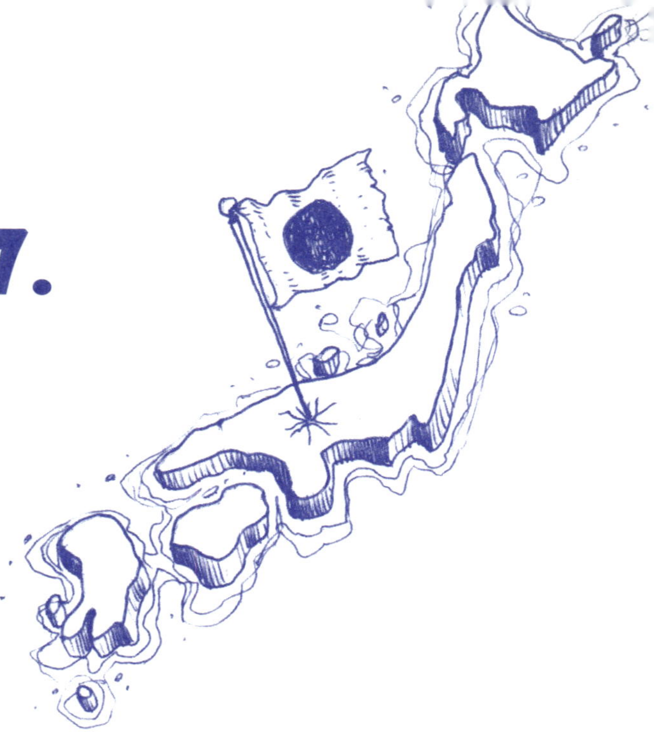

57.

Die zwei Wochen bis zu unserer Abfahrt sind die reinste Achterbahnfahrt.

Ich hocke ständig mit Jun und Musti zusammen und wir schmieden Pläne. Wir tragen unsere Ninja-Kostüme und gucken stundenlang *Detektiv Conan*. Wahnsinn und Doppelwahnsinn!

Andererseits muss ich ständig ernste Gespräche mit meinen Eltern führen. Es geht um Verantwortung, gutes Benehmen, Höflichkeit, Respekt usw. Stöhn und Doppelstöhn.

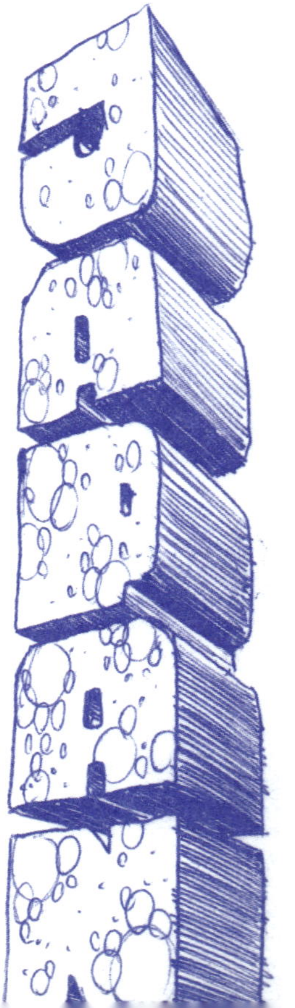

58.

Jeden Tag nach der Schule gehe ich mit Musti zum Haus der Yakitoris. Wir räumen den Garten auf, streichen die Wände, reparieren die Garage. Schwitz und Doppelschwitz.

Musti versaut es fast, weil er Herrn Yakitori als Ersatz für die Kois den Goldfisch seiner Schwester anbietet. Dann will er noch den Hamster seines Bruders drauflegen.

Herr Yakitori schüttelt traurig den Kopf: »Ichu habe die Kois selbst gezüchtet, dicker Jüngling. Fische waren viele Tausend Euro wert!«

Musti klappt der Kiefer runter. »Echt? So teuer? Mann, dafür haben sie aber auch echt gut geschmeckt!«

Herr Yakitori sieht ihn so finster an wie ein Samurai beim Harakiri. Hoffentlich holt er nicht gleich sein Schwert und köpft Musti.

59.

domo arigato

Als Vorbereitung auf die Reise bringt Jun uns die wichtigsten japanischen Wörter bei.

Hai heißt Ja

Iie heißt Nein.

Domo arigato heißt Danke.

Damare, Bakayaro, heißt Halt's Maul, Volltrottel!

Und *Kuse* heißt Verdammte Kacke!

60.

Endlich ist es so weit. Der Tag unseres Abflugs. Unsere Eltern begleiten uns zum Flughafen. Bevor wir durch die Passkontrolle gehen, nimmt mein Dad mich zur Seite: »Mach uns keine Schande in Japan, Felix!«

»Versprochen, Dad!«

»Wir wollen nichts über dich in der Zeitung lesen oder in den Nachrichten sehen. Zum Beispiel, dass du den heiligen Berg Fuji vollgesprayt hast.«

»Super Vorschlag, Dad!«

»Oder dass du Japan im Meer versenkt hast.« »Heiße ich Godzilla oder was?!«

»Wäre ein passender Name für dich«, sagt Dad grinsend.

»Kuse! Damare, Bakayaro!«

»Was heißt das denn?«, fragt Dad.

»Das heißt: Ich gehorche dir, ehrenwerter Vater.«

61.

Das ist unser Flugzeug, als Musti auf der linken Seite sitzt.

Das ist unser Flugzeug, als Musti auf der rechten Seite sitzt.

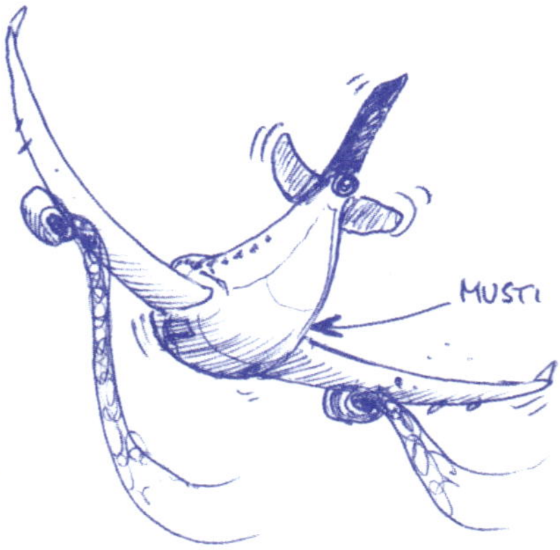

Endlich sitzt Musti in der Mitte. Wir düsen mit fast 1.000 km/h unserem Ziel entgegen. Es gibt keine Kotztüten mehr an Bord.

62.

Japan sieht ungefähr so aus:

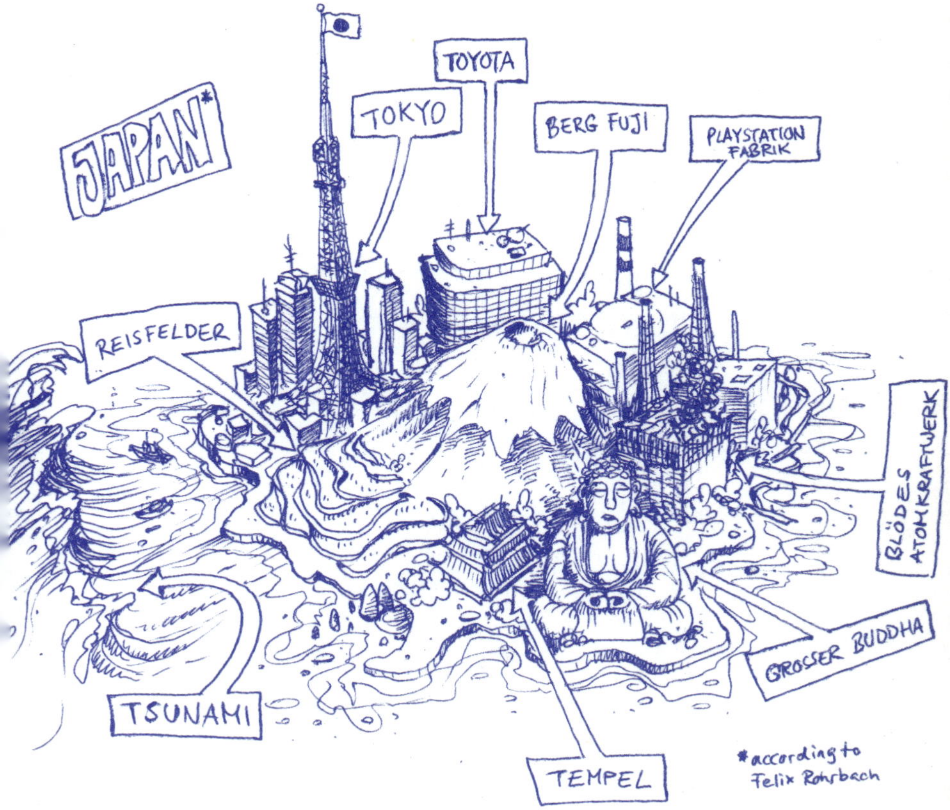

Im Flugzeug sitzt ein Japaner neben mir, der Kenzaburo Ishihara heißt. Er spricht super Deutsch und erklärt mir das Wichtigste über sein Land.

Japan besteht aus vier großen Inseln und ungefähr einer Million kleinen Inseln. Die größte Stadt ist Tokio. Es gibt 126 Millionen Japaner. Die wichtigsten Sportarten sind Baseball, Fußball und Sumo. Die berühmtesten Firmen heißen Sony, Toyota, Mitsubishi und Nintendo. Früher regierten der Shogun und seine Samurai das Land, heute der Premierminister. Dann gibt es noch den Kaiser. Japan ist supergebirgig, darum drängeln sich die Leute in megagroßen Mega-Citys. Die Lieblingsspeisen sind Reis, Fisch und Soyasoße. Die Lieblingsgetränke: Bier, Sake und Coca-Cola. Die Japaner haben Manga, Roboter, den Gameboy, die Digitalkamera und jede Menge Hightech-Kram erfunden.

»Super. Jetzt weiß ich Bescheid«, sage ich zu meinem Sitznachbarn.

Er lächelt und sagt: »Eines ist in Japan besonders wichtig: Du musst immer sehr höflich sein.«

»Domo arigato, Ishihara-San.«

63.

Juns Großeltern holen uns vom Flughafen ab. Juns Opa beeindruckt mich schon auf den ersten Blick. Obwohl er uralt ist, wirkt er fit und drahtig. So stelle ich mir einen Samurai vor.

Jun hat uns erklärt, dass sein Opa früher Arzt war und darum Deutsch kann. Viele alte Ärzte in Japan können Deutsch.

Opa Yakitori verbeugt sich vor uns, lächelt und sagt: »Sie sind also die jungen Leute, die das Haus meines Sohnes angemalt und seine Kois aufgefressen haben. Willkommen in Japan!«

Musti verbeugt sich und will gerade etwas von wegen *Damare, Bakayaro* murmeln, aber ich ramme ihm den Ellbogen in die Seite. Ich sage: »Vielen Dank, dass Sie uns eingeladen haben. Es ist eine große Ehre für uns.«

»Ganz meinerseits«, sagt der Großvater.

»Nein, ganz unsererseits«, sage ich.

»Nein, unsererseits.«

»Nein, unsererseits.«

So geht es zehn Minuten hin und her und bei jedem Satz verbeugen wir uns. Schließlich stoppt Jun uns und sagt: »Man könnte glatt meinen, dass du Japaner bist, Felix. Höflich bis zum Umfallen. Beeindruckend.«

»Ja, die Lektion habe ich im Flugzeug von meinem Nachbarn gelernt.«

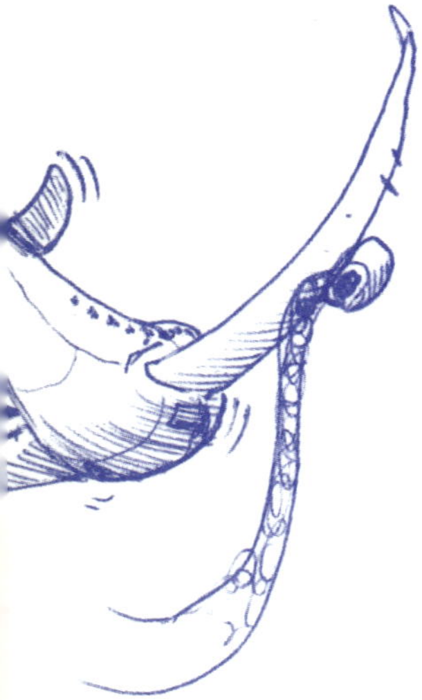

64.

Da Juns Großeltern kein Auto haben, fahren wir mit der S-Bahn vom Flughafen in die Stadt.

Blöderweise nimmt ungefähr die Hälfte der 126 Millionen Japaner dieselbe Bahn wie wir. Fühle mich wie eine Sardine in der Dose. Nur Musti hat jede Menge Platz. Die Leute halten ihn für einen ausländischen Sumokämpfer und gehen respektvoll auf Abstand.

65.

Tokio ist die größte Stadt der Welt. Das heißt, eigentlich ist es gar keine Stadt. Es ist ein Meer aus Hochhäusern – kleine Hochhäuser, mittlere Hochhäuser und Riesen-Hochhäuser.

Dazwischen schlängeln sich Highways hindurch, oft mit drei Stockwerken übereinander. Und überall glitzert und bimmelt Leuchtreklame und leuchten Riesenscreens. Voll Science-Fiction-mäßig.

Dann sind wir endlich da. Das Haus von Opa und Oma Yakitori ist kein Hochhaus. Es ist ein schönes, zweistöckiges Holzgebäude, das inmitten eines wunderschönen Garten liegt.

Nur die Bäume sind seltsam. Sie sind nämlich winzig klein. Opa Yakitori züchtet Bonsais.

Das ist meine erste Lektion in Japan. Die Dinge sind entweder riesengroß oder winzig klein.

66.

Am nächsten Tag machen wir eine Stadtbesichtigung.

Hier bin ich im berühmten Meiji-Schrein.

Und hier ist Musti in einem Sushi-Restaurant.

Hier bin ich vor dem berühmten Donnertor im Asakusa-Tempel.

Und hier ist Musti in einem Nudel suppenrestaurant.

Hier bin ich vor dem Tokyo Skytree.

Und hier ist Musti vor einem Stan mit gebratenem Tintenfisch.

Am Ende des Tages sind wir beide satt. Ich, weil ich so viele neue Eindrücke gewonnen habe. Und Musti sowieso.

67.

Im Haus von Opa und Oma Yakitori leben auch noch Juns Onkel Hikaru und seine Tante Hiroko. Außerdem Juns zwei Cousinen und sein Cousin.

Der Cousin heißt Kenjiro, lässt sich allerdings nie blicken. Nicht mal zum Essen. Jun erklärt uns, dass Kenjiro seit zwei Jahren nicht mehr aus seinem Zimmer gekommen ist.

»Ist er krank?«, frage ich.

»Nein, er ist ein Otaku. Er hat keine Lust rauszugehen.«

»Ist das nicht komisch?«

»Ne, das ist normal. Es gibt viele wie ihn.«

»Und was macht Ken die ganze Zeit?«

»Playstation spielen.«

»Cool«, sage ich. Ich bin auch oft in einer Stimmung, in der ich am liebsten jahrelang in meinem Zimmer bleiben würde.

68.

Am nächsten Tag lernen wir Kenjiro kennen, weil Jun uns in sein Zimmer führt.

Kenjiro hockt vor der Playstation und sieht ziemlich zombinös aus: blass wie ein Gespenst, rote Augen wie ein Kaninchen, abgemagert wie ein Supermodel.

Ken nickt Musti und mir zu und sagt: »Hey, nett, euch kennenzulernen. Bin ein bisschen neben mir, weil ich seit einer Woche nicht geschlafen habe. Ich muss unbedingt den Highscore von meinem neuen Spiel knacken.«

»Wie heißt das Game?«, frage ich.

»Obake Slayer VII«, erklärt Kenjiro.

»Geil. Worum geht es?«, fragt Musti.

Kenjiro erklärt uns, dass man mit einer Kettensäge und

einer Pumpgun möglichst viele Geisterwesen töten und ihr Blut in Dosen abfüllen muss. Dann verkauft man die Dosen in einer Bar als Getränk. Jeder Gast, der das Blut trinkt, wird selbst zum Zombie und man muss die neuen Zombies auch töten.

»Es ist zurzeit das beliebteste Spiel in Japan. Sogar der Premierminister spielt es.«

»Cool. Wie gut bist du?«, frage ich.

»Ich muss noch 30.000 Zombies killen, dann bin ich Champion«, erklärt Kenjiro. »Aber meine Kettensäge wird stumpf. Um eine neue zu kriegen, müsste ich 10.000 Liter Blut opfern. Weiß noch nicht, ob ich das mache.«

»Bist du nicht total müde?«, frage ich.

Ken grinst. »Kein Problem. Ich trinke vier Liter Red Bull am Tag. Das hält wach.«

»Viel Glück noch«, sage ich.

Später erklärt uns Jun: »Kenjiro fängt nächstes Jahr an zu studieren. Er möchte Arzt werden, wie unser Opa. Aber vor dem Studium will er noch so richtig das Leben genießen.«

69. LOVE^2

Als Nächstes lerne ich Juns jüngere Cousine Hitomi kennen. Sie hat Zöpfe, trägt eine sexy Schuluniform und hat ein zuckersüßes Gesicht wie eine Puppe und dazu riesige Kulleraugen wie ein Mangamädchen.

Ich verliebe mich auf der Stelle in sie und stammle: »Hey, Hitomi. Ich heiße Felix. Nett, dich kennenzulernen.«

Hitomi lächelt und mir wird ganz heiß. »Hallo, Felixu. Willst du meine Unterhose kaufen? Getragen natürlich. Dann kannst du dran schnuppern.«

»Äh ... danke für das Angebot, aber ...«

»Du kannst mir auch beim Baden zusehen, aber das ist teurer.«

»Hm, also na ja ...«

»Ach, ich mach nur Spaß. Wenn du willst, können wir etwas zusammen unternehmen. Wir können in die Stadt fahren und shoppen gehen. Oder einkaufen. Oder Besorgungen machen.«

»Du meinst, wir könnten in Läden gehen und Dinge erstehen?«

»Oh ja, das ist auch eine gute Idee.«

»Ja, super, danke für das Angebot. Vielleicht morgen«, sage ich.

Jun erklärt mir später: »Hitomi lernt nebenbei traditionellen Tanz. Du solltest sie mal sehen! Sie ist hinreißend!«

Juns ältere Cousine heißt Yukiko. Sie ist auch unglaublich süß und ziemlich normal. Yukiko ist schon 20 Jahre alt und arbeitet als Verkäuferin in einem Supermarkt. Sie fragt uns, ob wir heute schon etwas vorhätten, und dann sagt sie: »Ich gehe jeden Abend in den Tempel. Wenn ihr wollt, könnt ihr mich begleiten.«

»Wow. Bist du Buddhistin?«, frage ich sie.

»Nein. Meine Kirche heißt First Church of Rock God never Dies Renaissance of everlasting Luck. Auf Japanisch heißt sie Fasto Chaachi of Rocku Godu neva deisu Renasensu offu evalasto Lakku.«

»Woran glaubt ihr?«, fragt Musti.

»Jesus und Buddha werden alle zehn Jahre als Rockstars wiedergeboren, unter anderem als Elvis Presley und Kurt Cobain. Maria war als Amy Winehouse wieder auf der Erde. Wir zermahlen alte Schallplatten und trinken sie als Tee, um die göttliche Gnade zu empfangen.«

»Verstehe«, sage ich und erkläre Yukiko, dass ich lieber nicht mit ihr beten möchte. Musti erklärt, dass er ganz meiner Meinung ist.

70.

Am gleichen Abend sage ich zu Juns Onkel und Tante: »Ihre Familie ist sehr nett. Alle sind so normal.«

Juns Onkel guckt gerade Pro Wrestling im Fernsehen. Ein als King Kong verkleideter Wrestler bricht gerade einem Kämpfer mit Barack-Obama-Maske beide Beine. Er nickt und sagt: »Ja, hier in Japan sind die Menschen sehr traditionell und nicht so modern wie in Europa. Das wundert viele Touristen.«

Juns Tante hat im gleichen Zimmer einen eigenen Fernseher, in dem sie eine koreanische Telenovela sieht. »Juns Vater möchte, dass ihr zwei hier in Japan Respekt und gutes Benehmen lernt. Ich hoffe, Kenjiro, Hitomi und Yukiko sind euch ein gutes Vorbild.«

»Oh ja, wir haben viel von ihnen gelernt«, sagt Musti.

»Chill cool häng«, sage ich.

Grübel und Doppelgrübel.

71.

Bevor ihr jetzt etwas Falsches von den Japanern denkt, muss ich noch erwähnen, dass im Haus auch Juns Urgroßmutter lebt. Sie ist 103 Jahre alt, hat eine Haut wie ein getrockneter Tintenfisch, ist aber fit wie ein Turnschuh.

Meistens sitzt sie vor dem Fernseher und sieht Sumo. Sie gerät richtig aus dem Häuschen, wenn die Fettklöße aufeinanderprallen und sich gegenseitig aus dem Ring werfen.

Sie mag mich und kichert immer, wenn sie mich sieht. Musti mag sie auch und meint, er soll unbedingt Sumokämpfer werden. Weil Sumokämpfer immer die süßesten Freundinnen haben.

»Aber noch bist du viel zu mager, mein Junge. Um ein guter Kämpfer zu werden, musst du tüchtig essen«, rät sie ihm.

Musti strahlt. »Ich habe immer gehofft, dass das mal jemand zu mir sagt.«

72.

Am Wochenende machen wir mit Opa Yakitori einen Ausflug nach Kyoto, der alten Hauptstadt von Japan. Hier ist es ganz anders als in Tokio. Die Stadt ist kleiner und ruhiger. Wir besichtigen Tempel und Schreine und den alten Kaiserpalast.

Einmal besuchen wir eine Teezeremonie. Eine wunderschöne Frau in einem farbenprächtigen Kimono kniet auf Strohmatten und bereitet uns seltsamen giftgrünen Tee zu.

Wir sind total fasziniert und werden ganz ruhig und konzentriert wie bei einer Meditation.

Opa Yakitori freut sich und sagt: »Jetzt versteht ihr Japan. Es ist oft laut und modern und voller Technik. Aber die Seele von Japan ist immer noch still und voller Harmonie.«

Ich bin ziemlich beeindruckt.

Und Musti auch. Zum ersten Mal fragt er nicht, wann es das nächste Mal etwas zu essen gibt.

73.

Wir besuchen einen alten Freund von Opa Yakitori, der in einem Vorort von Kyoto lebt. Er heißt Yoshikawa-Sensei und betreibt ein Kendo-Dojo. Kendo ist japanisches Fechten mit Bambusschwertern.

In der Übungshalle ist es ziemlich kalt, weil es keine Heizung gibt. Trotzdem trainieren ungefähr 20 Schüler. Sie tragen dunkle Rüstungen mit einem Gesichtsschutz und einem Bauchpanzer. Sie stehen sich in zwei Reihen gegenüber, schreien laut und hauen sich gegenseitig mit ihren Bambusschwertern auf den Kopf.

»Wollt ihr auch mal versuchen?«, fragt Yoshikawa-Sensei.

»Klaro«, sage ich.

»Hau ich alle platt«, sagt Musti.

Wir bekommen Uniformen und Schwerter. Nachdem wir uns umgezogen haben, nehmen wir in der Halle mit den anderen Aufstellung.

Auf das Kommando von Yoshikawa-Sensei hauen wir zu. Leider zu spät. Musti und ich haben beide eins auf die Mütze bekommen.

Noch mal – aber wieder verlieren wir.

Noch mal – gleiches Ergebnis!

Verdammt. Kendo ist doch schwerer, als es aussieht. Nur schreien können wir schon ganz gut!

Herr Yoshikawa lächelt und sagt: »Wenn ihr mit echten Schwertern gekämpft hättet, wärt ihr jetzt beide tot.«

»Doppeltot«, sagt Musti.

»Triple-tot«, sage ich.

Wir verneigen uns vor unseren Übungspartnern. Die ziehen beide ihre Helme aus. Zu unserem Erstaunen haben wir beide mit Mädchen gekämpft. Um genau zu sein, mit supersüßen Mädchen. Beide sind klein und zierlich, haben seidenschwarzes Haar und tolle Augen.

Ich bin noch nie von einem supersüßen Mädchen getötet worden. Sogar triple-getötet.

Ich verneige mich und sage zu meiner Übungspartnerin: »Es war mir eine Ehre, von dir umgebracht zu werden. Domo arigato!«

74.

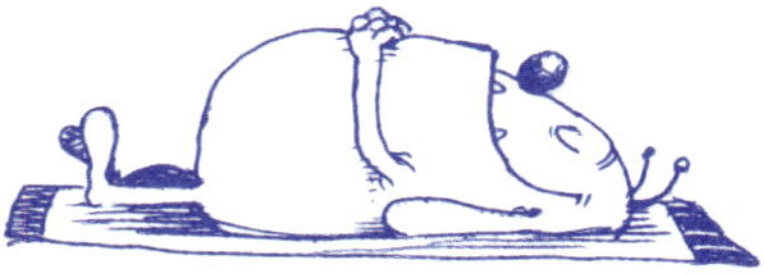

Auf dem Rückweg nach Tokio machen wir Station in den Bergen. Wir übernachten in einem Ryokan, einem traditionellen Gasthaus. Wir essen auf dem Boden, schlafen auf dem Boden und gucken Fernsehen auf dem Boden.

Es ist natürlich nicht so, dass die Japaner zu arm wären, um sich Möbel zu leisten.

Sie finden es einfach cool, alles auf dem Boden zu machen. Mir gefällt es auch. Ich lasse in meinem Zimmer immer alles auf dem Boden liegen. Meine Mom flippt dann aus. Ich schätze mal, sie würde sich in Japan nicht wohlfühlen.

75.

In dem Ryokan gibt es ein Onsen, ein Badehaus mit einer heißen Quelle. Wir ziehen uns nackt aus und betreten die Halle mit dem Becken.

Das Onsen ist fast so groß wie ein Schwimmbad, nur dass das Wasser heißer ist.

Viel heißer.

Ich halte einen Zeh ins Wasser, zucke zurück und sage: »Hey, wollt ihr mich kochen oder was? Da gehe ich niemals rein.«

Opa Yakitori ist längst im Wasser und seufzt zufrieden. »Du musst dir Zeit lassen, Felixu. Ganz langsam reingehen. Dann ist es richtig schön.«

Musti zuckt mit den Schultern. »Vielleicht sind die Japaner Kannibalen? Heute gibt es gekochten Deutschen. Und zum Nachtisch gekochten Türken.«

»Hätten wir bloß zu Elvis Presley gebetet. Dann könnte uns nichts passieren«, sage ich.

Ganz vorsichtig lasse ich mich ins Becken hinab. Opa Yakitori hat recht. Wenn man einmal drin ist, ist es richtig super.

76. COOL

Zurück in Tokio gehen wir zusammen mit Jun und Hitomi auf Shopping-Tour. Erst ziehen wir durch Akihabara, einen Stadtteil, in dem es ungefähr eine Million Läden für Computer, Gameboys und Elektrokram gibt.

Blink und Doppelblink!

Jun kauft für Kenjiro ein neues Computerspiel. Es heißt Ghost Ninja Assassin und es kommen Maschinengewehre, Bazookas und sehr viele Leichen vor. Der Unterschied zu Obake Slayer VII besteht darin, dass die Ghost Ninjas drei Leben haben und danach als Mutant Dragonbeasts wiedergeboren werden. Darum muss man sie zweimal töten.

Hitomi hat sich für die Tour umgezogen. Sie trägt neongrüne Strumpfhosen, ein rot und schwarz kariertes Top und darüber eine Regenjacke aus durchsichtiger Noppenfolie. Außerdem hat sie sich während unserer Abwesenheit die Haare blau gefärbt.

Sie sieht aus wie ein Alien.

»Du siehst toll aus«, erkläre ich ihr.

Sie wird rot und sagt: »Oh, das habe ich nur gemacht, um nicht aufzufallen.«

»Verstehe«, sage ich.

Als wir nach Shibuya kommen, einem Szene-Stadtteil, verstehe ich wirklich, was sie meint.

Alle Mädchen in Hitomis Alter sehen wie Aliens aus. Sie haben grüne, gelbe, rote Haare, tragen Klamotten aus Plastik, Papier oder Urwaldlianen, gehen barfuß oder tragen Stiefel mit 50 Zentimeter hohen Absätzen.

Trotzdem sind alle total nett und rücksichtsvoll. Ich glaube, so langsam kapiere ich, was es mit den Japanern auf sich hat.

Man kann gleichzeitig total verrückt und total normal sein. Irgendwie cool, denke ich.

77.

Vor dem Bahnhof von Shibuya gibt es ein berühmtes Denkmal. Es ist die Statue eines Hundes, der Hachiko hieß. Der Köter hat hier vor dem Bahnhof zehn Jahre lang jeden Tag auf sein Herrchen gewartet. Er hat sogar noch hier gewartet, nachdem das Herrchen schon längst tot war.

Die Japaner stehen total auf Treue, Geduld und Ausdauer. Hachiko ist ein Symbol dafür.

Man könnte auch unserem Hund Bob so ein Denkmal setzen. Am besten direkt vor dem Metzgerladen in unserer Straße. Bob würde da bestimmt auch zehn Jahre lang jeden Tag warten und hoffen, ab und zu eine Scheibe Wurst zu bekommen.

78. 

Endlich wird Mustis großer Traum war. Wir gehen zum Sumo. Das Turnier findet in einer riesigen Halle im Osten von Tokio statt.

Opa Yakitori erklärt uns, dass man beim Zuschauen unbedingt etwas essen muss. Also versorgen wir uns erst einmal mit riesigen Bento-Boxen.

Bento ist die japanische Variante vom McMeal zum Mitnehmen. In der Box sind Reis, Fisch und Gemüse. Bevor Musti fragen kann, sagt Opa Yakitori: »Nein, Musti. Es gibt keine Bentoboxen mit Döner.«

»Macht nix. Kommt Zeit, kommt Döner«, sagt Musti.

Unsere Sitzplätze sind in der Mitte der Arena. Um uns herum sitzen viele junge hübsche Mädchen, die laut kreischen, wenn ihr Lieblingsringer im Ring auftaucht. Ich glaube, ein durchschnittlicher Sumokämpfer wiegt ungefähr zehnmal so viel wie seine Freundin.

Musti zuckt nur mit den Schultern und sagt: »Ist normal, Felix. Mann muss stark sein, Frau muss schön sein.«

»Wenn du meinst.«

Um uns herum sitzen auch ganz viele alte Damen, die ebenfalls laut kreischen, wenn ihr Lieblingsringer auftaucht.

Als ein sehr kleiner Ringer namens Karuimamebo gegen einen Fettsack namens Onibabadebu gewinnt, flippen die alten Damen total aus. Sie schreien, winken und heulen. Dann springen sie sogar von ihren Plätzen auf und schleudern ihre Kissen in Richtung des Rings.

Wow, denke ich. Japaner können ja richtig aus sich herausgehen. Cool und Doppelcool!

79.

Nach dem Turnier stellt uns Opa Yakitori einem Ringer persönlich vor. Er heißt Wakamaruashiyubi und ist ein Yokozuna, also einer der besten Kämpfer.

So einen Yokozuna kennenzulernen, ist etwas ganz Besonderes. Ich verbeuge mich tief und sage: »Felixu desu. Dozo Yorishiku.« Das heißt: Ich heiße Felix und es ist mir eine Ehre.

Musti verbeugt sich auch und sagt: »Musti desu. Ich schubs dich um, Alter! Wetten?!«

Opa Yakitori sagt: »Der Yokozuna versteht übrigens ein bisschen Deutsch.«

Musti wird rattenblass. Wakamaruashiyubi grinst breit und sagt: »Du schubst mich um, Kleiner? Will ich sehen.«

Dann packt er Musti am Kragen und hebt ihn mit einem Arm hoch. Musti zappelt in der Luft wie ein Kugelfisch am Haken.

»War ein Witz, Dude. Schwör ich. Chill cool häng«, ruft Musti verzweifelt.

Der Yokozuna lässt Musti wieder auf den Boden und klopft ihm freundlich auf die Schulter. So freundlich, dass Musti drei Wochen lang blaue Flecken hat.

Dann sagt der Sumo-Kämpfer »Los, wir gehen was

essen, Musti-san. Ich habe Hunger. Und du doch bestimmt auch.«

»Und wie! Lass Döner, Digger.«

»Gute Idee«, sagt Wakamaruashiyubi.

80.

Ehre und Doppelehre! Musti liefert sich mit Wakamaruashiyubi ein Döner-Wettessen. Und Jun und ich dürfen zusehen.

Dazu muss man wissen, dass Wettessen in Japan eine lange Tradition haben. Nudelsuppe, Hotdogs, Kuchen – es gibt nichts, was Japaner nicht im Wettbewerb in sich reinstopfen.

Musti hat bisher übrigens jedes Dönerwettessen gewonnen. Heute verliert er. Er gibt nach fünf Dürüm Döner auf, während Wakamaruashiyubi schon seine zehnte Portion verdrückt.

»Wir essen viel. Aber wir trainieren auch hart«, erklärt der Yokozuna lachend.

81.

Am Abend ist Musti nachdenklich. Wir hängen im Wohnzimmer von Juns Großeltern rum und futtern Krabbenchips und salzige Bohnen.

Musti sagt: »Mann, diese Sumo-Jungs sind nicht einfach nur fett. Die sind supertrainiert und superkräftig.«

»Anders als du?!«

»So sieht's aus«, sagt Musti kleinlaut.

»Sie trainieren halt viel. Hat Wakamaruashiyubi ja gesagt.«

»Weiß ich, verdammt.«

»Du solltest auch trainieren.«

Musti macht eine halbe Liegestütze und sagt: »Die andere Hälfte mach ich morgen.«

»So kommst du bestimmt voran.«

Musti grinst. »Bin ich Sumokämpfer? Never. Bin ich Gangsterrapper, Alter.«

»Chill cool häng«, sage ich.

»Ganz meine Meinung«, sagt Musti.

82.

Wir hängen mit Kenjiro rum. Obwohl er ein Otaku ist und nie vor die Tür geht, ist er echt nett. Wir spielen das neue Ghost Ninja Assassin und Ken ist beeindruckt, weil Musti und ich uns ziemlich geschickt anstellen.

»Und was macht ihr so, drüben in Deutschland?«, fragt er.

»Mein Hobby ist Chaos«, erkläre ich.

»Und Felix ist echt gut in Chaos. Er ist Chaos-Yokozuna«, fügt Musti hinzu.

»Und was heißt das genau?«, fragt Kenjiro.

Jun erzählt ihm, wie wir in der Partynacht das Haus seiner Eltern zerlegt haben.

»Cool. Würde ich auch gerne mal machen, so eine Aktion«, sagt Kenjiro.

Auf meinem Gesicht erscheint das berühmt-berüchtigte Felix-Rohrbach-Grinsen. »Willst du das wirklich riskieren, Ken?«

»Klar. Es ist wichtig, dass wir Japaner die Sitten und Gebräuche anderer Völker kennenlernen.«

»Dann gebietet es die Höflichkeit, dass ich dich in die Kunst der Chaosologie einführe! Am besten trinkst du heute noch ein paar Liter Red Bull. Heute Nacht wirst du nämlich garantiert kein Auge zumachen.«

83.

Nachdem die Erwachsenen alle ins Bett gegangen sind, schleichen wir uns nach draußen.

Mit der U-Bahn fahren wir nach Roppongi, einem supermodernen Stadtteil, in dem lauter Clubs und Diskotheken sind.

Obwohl es schon mitten in der Nacht ist, sind die Straßen voller Leute. Wir schlurfen herum, besichtigen eine Patchinko-Halle, essen Sushi, trinken etwas. Häng und Doppelhäng! Tokio ist cool.

Aber ich habe eine Mission zu erfüllen. Nur wie?! Die Stadt ist sowieso schon so chaotisch, dass es gar nicht so einfach ist, eine gute Aktion zu starten. Grübel und Doppelgrübel.

Schließlich spüre ich dieses gewisse Kribbeln im Bauch. Das Felix-Rohrbach-Chaos-Kribbeln. Ja, so könnte es klappen.

Über uns türmt sich der Roppongi Hill Mori Tower, eines der höchsten Gebäude der Stadt. 54 Stockwerke. Von oben hat man garantiert eine grandiose Aussicht.

»Sag mal, Ken. Kann man eigentlich auf den Tower drauf?«, frage ich.

»Klar. Es gibt oben eine Aussichtsplattform, aber die ist um diese Uhrzeit geschlossen.«

»Wetten, dass nicht?!«

»Doch, ist sie«, sagt Ken – aber dann kapiert er, was ich meine.

Grins und Doppelgrins!

»Bevor wir die Chaos-Aktion starten, müssen wir allerdings noch ein paar Sachen besorgen. Unter anderem jede Menge Sprühdosen und ein paar lange Seile«, erkläre ich.

Ken nickt. »Könnte um die Uhrzeit schwierig werden. Aber wir schaffen das.«

84.

Als wir am nächsten Morgen beim Frühstück sitzen, ist die Welt in bester Ordnung. Sogar doppelt in Ordnung.

Tante Hiroko hat gute Laune, genau wie Juns Großeltern. Liegt daran, dass heute etwas anders ist als sonst: Kenjiro sitzt mit uns am Frühstückstisch.

»Mein Gott, Ken. Das ist so schön, dich mal wiederzusehen. Endlich bist du aus deinem Zimmer gekommen. Was ist denn nur passiert?!«, fragt Hiroko.

»Du kannst dich bei unserem Gast aus Deutschland bedanken, Mutter. Er hat mich davon überzeugt, dass es viel zu langweilig ist, immer nur in der Bude herumzuhocken.«

Tante Hiroko strahlt. »Ich werde dir auf ewig dankbar sein, Felixu.«

»Vergessen Sie's, Frau Yakitori. Habe ich gerne gemacht.«

Im Fernsehen beginnen die Nachrichten. Unter anderem sieht man ein paar aktuelle Aufnahmen aus Roppongi. Zu schade, aber der Mori Tower sieht noch genauso aus wie vorher. Das mit dem gigantischen Graffiti – 20 Stockwerke hoch und genauso breit – hat leider doch nicht geklappt.

Dafür haben wir einfach ein paar ganz normale Mauern und Hauswände besprüht. Kenjiro hat es totalen Spaß gemacht. Ich glaube, er hat zum ersten Mal seit Langem verstanden, dass man auch in der echten Welt Fun haben kann. Heute Nacht will er sofort wieder losziehen.

Hoffentlich wünscht sich Tante Hiroko nicht bald, dass der gute Junge endlich mal in seinem Zimmer bleibt!

85.

Es ist unser letzter Abend in Japan. Schnief und Doppelschnief. Wir sitzen alle zusammen im Wohnzimmer der Yakitoris und essen Onabe, japanischen Eintopf.

Das Besondere ist, dass in der Mitte vom Tisch ein Topf mit Suppe sprudelt. Jeder wirft seine Zutaten in den Topf und fischt sie anschließend wieder mit einem kleinen Kescher heraus.

»Ist wie Angeln. Nur dass die Fische schon gekocht sind. Voll lecker«, erklärt Musti.

Nach dem Essen tanzt Hiromi für uns. Sie trägt einen schönen Kimono und hat ihre Haare (sind wieder schwarz) kunstvoll hochgesteckt. Zum Tanz schwingt sie einen Fächer. Ihre Bewegungen sind langsam und anmutig. Ich glaube, ich verliebe mich doch wieder in sie. Glüh und Doppelglüh!

Yukiko begleitet ihre Schwester auf der Shamisen, einer dreisaitigen Laute. Yukiko beherrscht das Instrument perfekt. Staun und Doppelstaun!

Onkel Hikaru malt mir als Abschiedsgeschenk eine Kalligrafie. Mit Pinsel und Tusche schreibt er meinen Namen in japanischen Schriftzeichen auf ein Papier.

Jun erklärt mir, dass sein Onkel schon mehrere Preise für seine Schriftkunst gewonnen hat.

Tante Hiroko schenkt uns zwei Yukatas, leichte Bademäntel, die sie selbst genäht hat. Sie passen uns perfekt.

Auch von Opa und Oma Yakitori bekommen wir kleine Geschenke.

Musti und ich sind verlegen. Wir verbeugen uns tief und sagen: »Makoto ni arigato gozaimashita!« Aus tiefstem Herzen vielen Dank!

86.

Nachdem unser Flugzeug gestartet ist, sehe ich aus dem Fenster nach draußen. Japan verschwindet allmählich unter den Wolken. In zehn Stunden bin ich wieder zu Hause.

Die Japaner sind seltsame Leute, denke ich. Wenn sie etwas machen, machen sie es perfekt. Sogar wenn sie Playstation spielen oder sich verrückt anziehen, machen sie es perfekt.

Ich glaube, davon kann ich mir eine Scheibe abschneiden. Wenn ich in Zukunft etwas mache, werde ich mir dabei Mühe geben. Keine halben Sachen mehr!

Sogar wenn ich Chaos stifte, werde ich versuchen, es perfekt zu machen.

Grins und Doppelgrins!

87.

Unsere Eltern holen uns vom Flughafen ab. Mom schlabbert mich mit Küssen voll und Dad gibt mir die Hand, als wäre ich ein Erwachsener.

»Wie hat dir Japan gefallen, Felix?«, fragt Dad mich.

»Super.«

»Ich hoffe, du hast etwas gelernt auf der Reise.«

»Allerdings. Egal was du tust, du musst es mit ganzer Kraft tun. *Gambarimasu!* Ich werde mein Bestes geben!«

»Das ist die richtige Einstellung«, sagt Dad.

»Freu dich nicht zu früh«, sage ich.

88. Gambarimasu

Zu Hause stürme ich ins Zimmer von Jack Russel, um sie zu begrüßen. Sie liegt schon im Bett. Wie üblich nehme ich Anlauf und werfe mich in einem hohen Bogen auf sie drauf.

»Ey, geh runter, du Spinner«, sagt eine Stimme unter der Decke – wieder ist es eine Jungsstimme.

Lucas, denke ich. Ist er aber nicht. Jenni hat schon wieder einen neuen Freund. Er heißt Benni. Auch er hat sich ins Haus geschlichen und liegt heimlich mit Jenni im Bett.

»Jenni und Benni. Ihr passt ja zusammen wie die Faust aufs Auge«, sage ich.

Grins und Doppelgrins.

Jack Russels Kopf taucht unter der Decke auf. »Willkommen zurück, Bruderherz. Schade, dass du schon wieder da bist.«

»Ich hatte Sehnsucht nach dir, Schwesterherz. Sieh mal, ich habe dir ein Geschenk mitgebracht.«

Ich überreiche ihr eine Dose Natto. Natto sind vergorene Sojabohnen, eine japanische Spezialität. Sieht aus wie Fußpilz, riecht wie 1.000 Jahre Schimmel und schmeckt wie Rattenkacke.

Jenni macht die Dose auf und wird grün im Gesicht. Benni fängt an zu würgen, springt aus dem Bett und rennt zum Klo – wo er meinem Dad in die Arme läuft. Der fängt sofort laut an zu schreien und wirft Benni raus.

Jenni faucht mich an wie ein Drache mit Halsschmerzen: »Oh Mann, Felix. Ich hatte gehofft, die Japaner richten dich vielleicht hin. Oder werfen dich ins Gefängnis. Oder versenken dich im Meer.«

»Warum sollten sie?! Ich war immer superhöflich und habe mich gut benommen.«

»Das kannst du?!«

»Mochiron, Bakamono.« Klar, Schwachkopf.

Jenni stößt ein paar unappetitliche Flüche aus. Gurgel und Doppelgurgel.

Schön, wieder zu Hause zu sein!

89. DOPPELSTOLZ

Ein paar Tage später fängt die Schule wieder an. Wegen der Japanreise sind Musti und ich die Helden auf dem Schulhof. In der großen Pause sind wir umringt von einer Riesentraube Mitschüler. Alle wollen wissen, wie es in Japan war und was wir erlebt haben. Musti und ich erzählen unsere besten Japanstorys – inklusive unserer Roppongi-Graffiti-Aktion.

Wir bekommen Szenenapplaus und sind stolz und doppelstolz.

90.

Ich habe doch gesagt, dass sich alle meine Mitschüler für meine Japan-Abenteuer interessieren.

Stimmt nicht. Nicht alle. Es gibt eine Ausnahme.

Luisa Schmidt-Hegemann. Ihr sind meine Ferienerlebnisse vollkommen egal.

Weil: Sie redet nicht mehr mit mir. Sie guckt mich auch nicht an, hört mir nicht zu, beachtet mich nicht.

Als ich ihr mein Mitbringsel aus Japan geben möchte, nimmt sie das Geschenk und wirft es vor meinen Augen in den Mülleimer.

»Luisa, bist du immer noch sauer wegen der Sache auf der Party?«, frage ich sie.

Bekomme natürlich keine Antwort. Weil sie ja nicht mit mir redet.

»Es tut mir leid, Luisa. Schwör und Doppelschwör!«

Ich kann mir meine Worte auch sparen. Sie hört mir ja nicht zu.

Dann schicke ich ihr eine SMS und wiederhole meine Entschuldigung. Kurz darauf bekomme ich eine Antwort-SMS: *Deine SMS wurde als Spam markiert und ungelesen in den Papierkorb verschoben.*

91.

Jetzt könnt ihr natürlich sagen, dass ich mich eigentlich freuen müsste. Das peinlichste Mädchen der Welt redet nicht mehr mit mir? Ist doch super!

Aber so einfach ist die Sache nicht.

Wenn ich ehrlich bin, finde ich Luisa ziemlich nett. Also wirklich ziiiieeeeemlich nett. So mit Abends-im-Bett-liegen-und-an-sie-Denken. Oder mit In-der-Schule-hocken-und-an-sie-Denken. Oder mit Auf-dem-Klo-sitzen-und-an-sie-Denken.

Also eigentlich mit Immer-an-sie-Denken.

Klar, Luisa ist irgendwie verrückt und manchmal megapeinlich. Wer züchtet schon fleischfressende Pflanzen? Wer guckt schon englische Fernsehserien aus den 60er-Jahren in Schwarz-Weiß und Originalton? Oder wer bastelt kleine Pandabären und verschenkt sie an kranke Kinder im Krankenhaus?!

Wer möchte schon in so ein Mädchen verliebt sein?

In Japan habe ich aber etwas gelernt. Nämlich dass man gleichzeitig verrückt und nicht verrückt sein kann. Und darum auch peinlich und nicht peinlich.

Ist also egal, was alle anderen von Luisa denken. Ich mag sie. Das zählt.

Aber sie redet eben nicht mehr mit mir. Weil sie mich für peinlich und verrückt hält. Vermutlich hat sie recht.

Schnüff und Doppelschnüff!

92.

Echte Freunde haben den Vorteil, dass du ihnen alles sagen kannst. Und dass dir vor ihnen nichts peinlich sein muss.

Als ich das nächste Mal mit den Dudes zusammensitze, nehme ich meinen ganzen Mut zusammen und erzähle ihnen von der Sache mit Luisa und dass sie nicht mehr mit mir redet.

Ein paar Minuten ist es still. Dann fragt Musti: »Wo genau ist Problem, Felix?«

»Ich vermisse sie. Das ist das Problem«, erkläre ich.

Spike nickt mitfühlend und fragt: »So wie man einen Pickel am Hintern vermisst?«

»Nein. So wie man jemanden vermisst, den man gernehat«, erkläre ich.

Die Dudes sehen mich nachdenklich an. Dann fragt Musti: »Bissu verliebt, Digger?«

»Vollo verknallto?«, fragt Spike.

»Du magst sie wirklich? Obwohl sie so peinlich ist?«, fragt Mike.

»Ja, ich mag sie wirklich«, erkläre ich.

Musti, Spike & Mike brechen in ein lautes Gelächter aus. Ich ärgere mich, dass ich ihnen überhaupt davon erzählt habe.

Dann aber ändert sich der Gesichtsausdruck der drei. Und Musti sagt mit ernster Stimme: »Felix ist verliebt. Sind wir Freunde, müssen wir helfen.«

»Korrekto«, sagt Spike.

»Wir brauchen einen Plan«, sagt Mike.

Ich sehe die drei an und sage: »Wow, ihr seid wirklich meine Freunde.«

93.

Gemeinsam tüfteln wir einen 10-Tage-Plan aus, mit dem ich Luisa Schmidt-Hegemann für mich gewinnen kann. Zum ersten Mal seit Tagen bin ich zuversichtlich. Mithilfe der Dudes werde ich sämtliche Geschütze des Mädchen-Herumbekommens auffahren.

Und danach werde ich der glücklichste Junge der Welt sein. Schmacht und Doppelschmacht!

TAG 1:

Ich bringe Luisa einen Strauß roter Rosen mit in die Schule und erwarte sie kniend am Tor zum Schulhof.

Leider knie ich immer noch da, als um 10:15 Uhr die Glocke zur großen Pause läutet.

Katie Wolowski hat Luisa gewarnt, dass ich auf sie warte, und so hat sie die Schule durch den Nebeneingang betreten.

Dafür steht plötzlich Robert Maschmann vor mir und

gießt die Rosen – und mich gleich mit. Mit einem Eimer voller Wasser.

»Ich sag's ja, Rohrbach. Bist ein Loser«, sagt er.

»Könntest recht haben, Vollpfosten«, antworte ich.

TAG 2:

Mustis Cousin Nr. 5 – er hat insgesamt ungefähr 200 Cousins – betreibt einen Mietservice für Stretch-Limousinen. Ehrensache, dass er mir bei meinem Luisa-Plan behilflich ist.

Am nächsten Tag, Punkt 15 Uhr, steht die Limousine vor der Schule. Ich sitze hinter den getönten Scheiben und bin mir sicher, dass es heute mit Luisa klappen wird.

Mustis Cousin, er heißt Bülent, trägt eine schnieke Chauffeurs-Uniform und hält ein Schild in der Hand, auf dem Luisas Name steht. Als sie auftaucht, sagt er zu ihr: »Mrs Schmidt-Hegemann. Dieser Wagen ist für Sie bestellt, um Sie nach Hause zu bringen.«

»Echt?«, fragt sie.

»Ja, echt«, sagt Bülent.

»Kleinen Moment«, sagt Luisa. Sie telefoniert kurz, klopft dann an die Scheibe. Ich drücke auf den Fensterheber und beuge mich erwartungsvoll heraus. Ob sie mich küssen wird?

Ich sehe Luisas Gesichtsausdruck und denke: Eher nicht. Sie sieht aus wie eine Boxerin, die gerade zum K.-o.-Schlag ansetzt.

»Will dir nur kurz

zwei Dinge sagen, Felix. Ich finde Stretch-Limos angeberisch und ekelig. Außerdem habe ich gerade die Polizei angerufen und gesagt, dass du versucht hast, mich zu entführen. Gleich kommt bestimmt ein bewaffnetes Sonderkommando, um dich zu verhaften. Schönen Tag noch.«

Luisa stolziert davon und ich blicke ihr frustriert hinterher. Vielleicht sollte ich mir den Eimer von Robert Maschmann ausleihen, um mich selbst mit Wasser zu überschütten?

TAG 3:

Heutzutage wird ja wegen allem Möglichen demonstriert. Für neue McDonald's-Filialen oder gegen neue Bahnhöfe. Für billigere Flüge nach Mallorca oder gegen teurere Kinopreise. Für mehr weniger Fleisch oder gegen weniger mehr Rente.

Dann kann ich ja wohl auch mal für die Liebe eines Mädchens demonstrieren!

Meine Spontan-Demonstration vor Luisas Haus startet an diesem Nachmittag. Ich habe ein paar Leute um Unterstützung gebeten. Also um genau zu sein, habe ich auf Facebook JEDEN gebeten zu kommen.

Scheint funktioniert zu haben.

In der Straße vor Luisas Haus drängeln sich ungefähr 1.000 Leute. Alle halten Schilder hoch, auf denen LUISA

+ FELIX steht. (Kann sein, dass ich auf Facebook jedem, der kommt, zehn Euro versprochen habe. Äh ...)

Plötzlich geht das Fenster von Luisas Wohnung auf und ihr Dad beugt sich heraus. Er hält ein Megafon in der Hand und sagt: »Leute, hier liegt ein Missverständnis vor. Meine Tochter kennt gar keinen Felix. Der hat sich nur einen Scherz mit euch erlaubt. Da vorne steht er übrigens. Fragt ihn doch mal, ob er für jeden von euch die versprochenen zehn Euro dabeihat.«

Fühlt sich nicht gut an, wenn du von 1.000 Leuten angestarrt wirst, die alle Geld von dir haben wollen.

Lauf und Doppellauf! Nichts wie weg hier!

TAG 4:

Endlich weiß ich, was ich tun muss! Das todsichere Mädchen-Herumbekomm-Rezept. Hat schließlich schon einmal geklappt. Wird also wieder klappen!

Diesmal helfen mir Spike, Mike und Musti. Wir treffen uns nachts vor der Schule. Ich habe jede Menge Sprühdosen dabei, während die Dudes eine Leiter mitbringen.

Ich werde Luisas und meinen Namen in riesigen Lettern auf die Fassade der Schule sprühen –

und ein Herz drum rum. Dann muss sie mir einfach glauben, dass ich es ernst meine.

Ich bin gerade auf die Leiter geklettert, um loszusprühen, als sich der helle Strahl eines Scheinwerfers auf mich richtet. Eine gnadenlose Stimme sagt: »Komm sofort runter, Felix! Du hast letztes Mal großes Glück gehabt, als du die Schule angemalt hast. Noch mal kommst du nicht ohne Strafe davon.«

Ich klettere von der Leiter. Es ist Toaster-Manni, unser Schuldirektor.

»Woher wussten Sie, was ich vorhabe?«, frage ich ihn.

»Ich kenne dich besser, als du denkst, Felix. Obwohl ich ein wenig von dir enttäuscht bin. Dieselbe Masche zweimal anwenden? Vergiss es! Wenn du Luisa für dich gewinnen willst, musst du dir schon etwas Besonderes für sie ausdenken. Und jetzt verschwindet von hier und wir verlieren kein Wort über die Sache.«

TAG 5:

Toaster-Manni, der eigentlich Manfred Gerolnick heißt, ist echt in Ordnung. Außerdem hat er recht. Ich muss mir für Luisa etwas ganz Besonderes ausdenken. Und ich weiß auch schon, was!

Diesmal bitte ich Jun und seine Freundin Yasmin um ihre Hilfe. Gemeinsam brechen

wir in das Gewächshaus des botanischen Gartens ein, um ein besonderes Geschenk für Luisa zu besorgen.

Am nächsten Tag gibt es mitten auf dem Schulhof ein neues Blumenbeet. Und darin wächst eine riesige meterhohe Dionaea muscipula – auch bekannt als Venusfliegenfalle.

Ihr wisst ja, Luisa steht auf fleischfressende Pflanzen! Ist also viel besser, als ihr Rosen zu schenken.

Leider habe ich bei der Aktion nicht an die Nebenwirkungen gedacht. So eine große fleischfressende Pflanze hat nämlich einen ziemlichen Appetit. Ich habe ein ganz mieses Gefühl, als im Laufe des Vormittags einige meiner Mitschüler verschwinden. Die Dionaea muscipula ist gleichzeitig mit einer erschreckenden Schnelligkeit größer geworden.

Schließlich stellt Luisa mich zur Rede und sagt: »Du bist peinlich und verrückt, Felix. So eine Pflanze gehört ins Gewächshaus.«

»Da habe ich sie ja auch her.«

»Dann bring sie gefälligst wieder zurück.«

»Ich dachte, du freust dich.«

»Ich freue mich, wenn die Blume durch deine bescheuerte Aktion nicht eingeht.«

Verdammt, das hat auch nicht geklappt!

TAG 6:

Luisa meint zwar, dass ich peinlich und verrückt bin. Aber sie hat nicht gesagt, dass sie nichts von mir wissen möchte.

Da geht noch was!

Nach kurzem Grübeln und Doppelgrübeln habe ich einen neuen Plan – einen, der Luisa bestimmt gefallen wird.

Während der vierten Schulstunde wird der Unterricht in der ganzen Schule durch einen Monsterlärm gestört. Um genau zu sein, ist es ein megalautes Gitarrensolo, das zu hören ist, verstärkt durch coole Drums und einen funkigen Bass.

Alle Fenster werden aufgerissen und meine neugierigen Mitschüler stecken ihre Köpfe ins Freie.

Das ist das Zeichen für meinen Einsatz. Ich nicke den Jungs von *Slime Attack* zu – der coolsten Schülerband der Stadt. Sie beginnen mit dem Song, den ich vergangene Nacht geschrieben habe. Ich schnappe mir das Mikro und beginne zu singen: *Luisa! You're the only one! For me! Duddeldum! Yeahyeah!*

Begeisterter Applaus bricht los. Der Song scheint anzukommen. Sehr gut. Jetzt wird sich Luisa bestimmt doch noch für mich entscheiden.

Plötzlich wird der Lärm der Band durch noch lautere Musik übertönt. Am anderen Ende des Schulhofs haben die *Funky Furies* Aufstellung genommen – die coolste Mädchenband der Schule. Statt der Sängerin hat Luisa sich das Mikrofon geschnappt und sie singt im Style von Pink: *Don't nerv me zu Tode, you crazy guy!*

TAG 7:

Wie machen die Typen in den ganzen Filmen das eigentlich? Denn mal ehrlich, in fast allen Hollywood-Streifen geht es doch darum, dass ein Typ versucht, das Herz eines Mädchens zu erobern.

Grübel und Doppelgrübel.

Verbringe die halbe Nacht vor dem Internet und gucke mir auf YouTube die besten romantischen Filmszenen an. Dann habe ich endlich die Lösung für mein Luisa-Problem. Sie lautet: Bob, unser Hund.

Ist voll logisch. Mädchen mögen Tiere. Darum mögen sie auch Jungs, die gut zu Tieren sind.

Am nächsten Nachmittag schnappe ich mir Bob und mache mich auf den Weg zu Luisa.

Zwischendurch mache ich einen Stopp beim Hundefriseur. Mädchen stehen nämlich nur auf süße Hunde. Und Bob ist ... na ja, man muss ihn halt aufpimpen.

Hinterher sieht Bob seltsam aus. Sein Fell ist nun lila und dazu hat er lauter kleine Schleifchen im Haar. Außerdem ist er stinksauer auf mich. Er knurrt mich sogar an.

»Sorry, Bob. Aber es geht um mein Glück und meine Zukunft! Da kannst du mir ruhig mal bei helfen.«

Ich erreiche Luisas Haus und gehe in Wartestellung. Schon bald höre ich hinter der Haustür Geräusche. Luisa kommt bestimmt gleich raus.

Ich beuge mich zu Bob herunter, streichle ihn und sage übertrieben laut: »Bob, du bist der süßeste Hund der Welt. Ich liebe dich aus ganzem Herzen und würde dich am liebsten jeden Tag mit in die Schule nehmen. Komm her, Bob, ich will dir einen Kuss geben.«

Bob riecht die Würste in meinem Rucksack, die ich extra für ihn mitgenommen habe (um ihn zu bestechen). Er springt mich an, reißt mit dem Maul meinen Rucksack auf und zerrt die Tüte mit den Würsten heraus. Ich versuche, ihn zu stoppen, worauf ein regelrechter Zweikampf zwischen uns entbrennt.

»Hör sofort auf, Mistvieh!«, schreie ich.

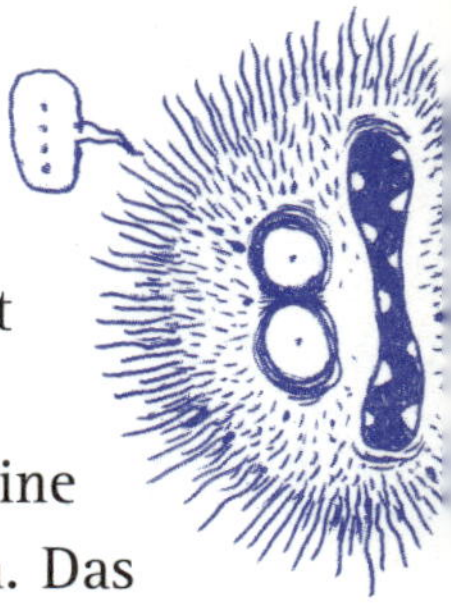

Bob knurrt, kläfft und frisst weiter.

»Ich lasse dich einschläfern, wenn du dich nicht benimmst!«

Bob schluckt die Würste runter, nimmt dann eine seltsame Position ein, die nur eins bedeuten kann. Das Vieh muss kacken. Ausgerechnet hier, mitten vor Luisas Tür! Ich werde grün im Gesicht, zerre wie ein Verrückter an der Leine und schreie nun noch lauter: »Wenn du das tust, Bob, dann schneide ich dich in Stücke und serviere dich meiner Schwester als Gulasch. Vorher hänge ich dich eigenhändig an deiner Leine auf!«

»Hömhöm.«

Ich höre ein Hüsteln hinter mir. Mit zitternden Knien drehe ich mich um. Luisa. Ihr Gesicht ist bleich und regungslos. Dann sagt sie mit Grabesstimme: »So gehst du also mit Tieren um, Felix. Ich bin schockiert. Ich glaube, ich zeige dich beim Tierschutzbund an. Du bist noch schlimmer, als ich gedacht habe.«

Dann dreht sie sich um und verschwindet mit Stella, ihrer Pudeldame, kurz darauf am Ende der Straße. Ich blicke ihr hinterher. Bob blickt Stella hinterher. Ich streichle ihn und sage: »Tut mir leid, Bob. Du kannst nichts dafür.«

TAG 8:

Am Anfang meiner Eroberungsaktion wollte Luisa einfach nur nichts von mir wissen.

Inzwischen hasst sie mich.

Und ich kann sie sogar verstehen! Ich quäle Hunde, entführe Pflanzen, mache dämliche Facebook-Aktionen, singe vor der gesamten Schule über sie oder miete riesige Autos. Welches Mädchen würde sich schon in so einen Jungen verlieben?!

Frust und Doppelfrust!

Ich erzähle den Dudes, dass ich aufgeben werde. Und dass ich mich mit einem Leben ohne Freundin abfinden werde.

Die Dudes aber überreden mich, es doch noch einmal zu versuchen. Jetzt haben sie das todsichere Rezept, um Luisa für mich zu gewinnen!

Am Abend ist es so weit. Luisa hat eine Freundin besucht und ist auf dem Weg nach Hause. Plötzlich stehen drei maskierte Gangster vor ihr und bedrohen sie mit selbst geschnitzten Holzschwertern.

Der erste Gangster sagt: »Machsu Hände hoch, Digger!«

Der zweite Gangster: »Wäre echt schlauer, wenn du gehorchst.«

Der dritte Gangster: »Chill cool häng! Aber dallidalli!«

Luisa will sich totlachen, ist zugleich aber stinksauer: »Und was wollt ihr von mir?!«

»Geld!«

»Leben!«

»Hassu Snickers? Gibsu her!«

In diesem Moment springe ich aus dem Gebüsch und brülle laut: »Du musst keine Angst haben, Luisa. Ich beschütze dich!«

Dann zücke ich mein eigenes Holzschwert und stelle mich den drei Gangstern entgegen: »Flieht, ihr Schurken. Oder ich mach euch nieder!«

»Sag ich Hilfe! Ist Felix! Ist superstark!«

»Ja, wir sind zwar zu dritt, aber gegen ihn haben wir keine Chance!«

»Chill cool häng!«

Die Gangster fliehen in die Dunkelheit. Ich drehe mich zu Luisa um. »Du musst keine Angst mehr haben, Luisa. Die Verbrecher sind weg.«

Luisa schüttelt ungläubig den Kopf. »Ich habe keine Angst. Aber ich weiß jetzt, dass du noch bescheuerter bist, als ich dachte, Felix. Na ja, immerhin ist es echt nett von Musti, Spike und Mike, dass sie dir helfen wollen.«

Sie dreht sich um und lässt mich stehen. Am liebsten würde ich mir mein Holzschwert in den Bauch rammen und Harakiri begehen.

TAG 9:

Ich habe mir zehn Tage gegeben, um Luisa zu erobern. Inzwischen sind acht Tage vorüber und es sieht alles noch viel schlimmer aus als vorher. Die Gangster-Aktion gestern war nicht einfach nur Dumm und Doppeldumm. Die war triple-mega-tera-dumm!

Aber ich bin Hobby-Japaner. *Gambarimasu!* Ich werde nicht aufgeben.

Diesmal versuche ich es mit der klassischsten Anbaggermethode, die es überhaupt gibt. Minnegesang!

Das haben die Typen schon vor 1.000 Jahren im Mittelalter gemacht. Damals haben sich die verknallten Ritter unter das Burgfenster ihrer Angebeteten gestellt und gesungen. Ich stelle mich unter Luisas Reihenhausfenster und trage ihr im Sprechgesang die Gedichte vor, die ich letzte Nacht für sie verfasst habe! Dazu zupfe ich auf einer Leier, die ich aus Angelschnur und ein paar Kleiderbügeln gebastelt habe.

Oh, Luisa, du schönstes
aller Mädchen unter dem
unendlichen Himmelszelt!

Klong und Doppelklong! Irgendetwas ist mir gerade auf den Kopf gefallen. Könnte ein Blumentopf gewesen sein. Kam direkt aus Luisas Fenster. Aber ich lasse mich nicht abhalten.

Dir, Schönste, gehört mein Herz und auch
der ganze Rest von mir! Erhöre mich,
du Süßeste aller Süßen!

Gazopper und Doppelgazopper! Irgendetwas Schmieriges läuft über mein Gesicht! Glaube, mich hat gerade eine Zehnerpackung rohe Eier getroffen. Aber egal. Gambarimasu!

Du Holdeste aller Holden!
Du Schokoladigste aller Schokoladigen!
Erhöre die Stimme deines Dieners,
deines Prinzen!

Zong und Doppelzong! Diesmal war es eine Bratpfanne, die mich von oben getroffen hat. Hätte meinen Helm mitnehmen sollen.

Aber ich mache weiter. Obwohl ich inzwischen eine Gehirnerschütterung habe und nicht mehr ganz klar denken oder reden kann.

Oh, du selige, oh du
fröhliche Weihnachts... ich meine
Mädchenzeit,
du grünst nicht nur zur Schulzeit,
sondern auch,
wenn es jinglebelt!
Oh Louisiana ...

Diesmal trifft mich nichts am Kopf, diesmal packt mich etwas am Kragen. Es ist Luisas Dad. Er knurrt mich an wie ein hungriger Riesenalligator: »Du bist Felix Rohrbach? Dann gebe ich dir jetzt einen Rat, junger Mann. Verschwinde von hier und lass dich nie wieder blicken. Sonst mache ich dich zu Hackfleisch!«

»Nur zu, Herr Schmidt-Hegemann. Ich werde mich auch nicht wehren. Aber darf ich Ihrer Tochter vorher noch sagen, dass ich sie liebe?! Und dass ich alles dafür geben würde, wenn sie endlich wieder mit mir redet!«

»Aber sie will nicht mit dir reden. Sieh das doch ein, du Trottel!«

»Aber ... das ist alles ein Missverständnis. Ich weiß ja, dass ich viel Unsinn gemacht habe. Bitte, geben Sie mir eine einzige Chance. Lassen Sie mich mit ihr reden!«

»Tut mir leid. Selbst wenn ich wollte, sie will dich nicht sehen«, sagt Luisas Vater.

Ich schlurfe mit hängenden Schultern nach Hause. Nichts geht mehr. Frust und Doppelfrust.

TAG 10:

Heute ist meine letzte Chance. Wenn ich Luisa heute nicht überzeugen kann, gebe ich auf. Dann werde ich Eremit. Oder Eunuch. Oder ich lege mich unter einen trampelnden Elefanten.

Aber was kann ich noch tun, um ihr zu zeigen, dass sie mir wirklich viel bedeutet?

Ich weiß es einfach nicht. Ich, Felix Rohrbach, der immer eine geniale Idee hat, habe keine geniale Idee mehr. Nicht mal eine nicht geniale Idee.

Als ich zur Schule komme, traue ich meinen Augen nicht. Vor dem Tor zum Schulhof steht Luisa. Sie lächelt mir entgegen.

Ganz klar, ich halluziniere. Die ganzen Sachen, die sie mir gestern Abend auf den Kopf geworfen hat, haben mein Oberstübchen durcheinandergebracht.

Die Halluzination tritt auf mich zu und sagt: »Ich fand dich sehr mutig gestern, Felix. Echt! Es hat mich beeindruckt, was du zu meinem Vater gesagt hast. Ich hätte

mir nie vorgestellt, dass ich mal einem Jungen so viel bedeuten würde. Darum fände ich es schön, wenn wir uns wieder verstehen. Und vielleicht sogar mehr als das.«

Ich winke nur müde ab. »Blablabla. Jetzt drehe ich wirklich durch. Wäre so schön, wenn die echte Luisa so etwas zu mir sagen würde. Aber leider bist du ja nur ein Geschöpf meiner krankhaften Einbildung. Lass mich also gefälligst in Ruhe, Geister-Luisa.«

»Aber ...«

»Kein Aber und jetzt lös dich gefälligst in Luft auf, du Fata Morgana!«

Ich gehe weiter, während die Halluzination fassungslos hinter mir herstarrt.

Ich weiß nicht genau, wie ich diesen Schultag überleben soll. Aber irgendwie schaffe ich es. Ansonsten ist alles wie immer. Luisa redet nicht mit mir, sieht mich nicht an, hört mir nicht zu.

Egal. Es ist vorbei. Ich habe verloren.

94.

Ich wache auf. Es ist Samstag. Das Leben ist sinnlos. Darum stehe ich auch nicht auf.

Ich schleiche runter, schmiere mir ein paar Brote mit zehn Zentimeter Nutella drauf und verkrieche mich wieder in mein Bett.

Im Fernsehen läuft nur Müll. Ist egal. Ich gucke es mir trotzdem an.

Nachmittags bollert meine Mom gegen meine Tür.

»Lebst du noch, Felix?«

»Nein, bin tot.«

»Egal. Du hast Besuch.«

Ist bestimmt Musti, denke ich. »Soll hochkommen.«

Ich bleibe einfach liegen und starre auf den Fernseher.

Meine Zimmtertür geht auf.

Ohne hinzugucken, sage ich: »Komm rein, aber sprich mich nicht an. Ich leide gerade. Blöde Mädchen.«

»Ja, genau. Blöde Mädchen.«

»Doppelblöde Mädchen!«

»Dreifachblöde Mädchen!«

Ich starre immer noch auf den

Bildschirm, wundere mich aber, dass Musti auf einmal so eine hohe und schöne Stimme hat.

Mühsam löse ich meine Augen vom TV-Screen. Und dann trifft mich der Schlag. Es ist gar nicht Musti.

Es ist Luisa.

Sie steht ratlos in meinem Zimmer und starrt mich an.

»Lu... Lu... Luisa! Ich wusste ja nicht ...«, stottere ich.

»Störe ich?!«

»Nein, gar nicht. Im Gegenteil, ich freue mich total, dass du hier bist.«

»Klang gerade nicht so.«

»Nein, doch, ja, äh ... Ich dachte, du wärst Musti.«

»Oh. Ich wusste nicht, dass man mich mit Musti verwechseln kann.«

Ich muss lachen. »Stimmt, das geht eigentlich wirklich nicht. Pass auf, ich ... kannst du kurz draußen warten. Dann stehe ich auf und ziehe mich an.«

»Nö, ich habe eine bessere Idee. Ich ziehe mich aus und lege mich zu dir ins Bett.«

Gott, ich habe schon wieder Halluzinationen! »Du nimmst mich auf den Arm, oder?«

»Nein, eigentlich nicht!«

»Du bist wirklich hier und ich bilde mir das nicht nur ein? Du bist keine Halluzination?!«

»Das testen wir«, sagt Luisa. Sie setzt sich zu mir aufs Bett und kneift mich in dem Arm.

»Aua!«

»Und? Einbildung?«

»Bestimmt nicht!«

Sie beugt sich herunter und wir küssen uns. Dann schlüpft sie zu mir unter die Decke.

Küss und Doppelküss. Schmus und Doppelschmus! Umarm und Doppelumarm!

95.

Mädchen sind ein Rätsel. Man kann es zwar nicht lösen, aber man muss es trotzdem versuchen. Denn wer aufgibt, hat auf jeden Fall verloren.

Schätze mal, dass Luisa und ich jetzt ein Paar sind. Wir hängen ständig zusammen rum. Ziemlich cool. Wir gehen in den botanischen Garten und füttern die fleischfressenden Pflanzen, lesen uns aus Büchern vor, quatschen und doppelquatschen miteinander. Und wir knutschen rum wie die Weltmeister.

Und weil Luisa selbst ein bisschen crazy ist, stört es sie auch nicht, wenn ich gelegentlich ein paar Chaos-Aktionen mit den Dudes starte.

Ich soll es nur nicht übertreiben. Weil meine Eltern mich ja sonst ins Bootcamp abschieben. Und wir dann ja nicht zusammen sein könnten.

Love und Doppellove!

LUISA+Felix

Jakob M. Leonhardt

978-3-401-06641-7

Knapp vorbei ist auch daneben

Ein genialer Chaot packt aus

Felix Rohrbach ist der größte Chaot und Loser, den die Welt je gesehen hat. Nur zeichnen kann er wirklich. Das muss jetzt anders werden, denn Charleen ist auf diesem Planeten aufgetaucht, ein göttliches Wesen von bezaubernder Schönheit. Leider macht Felix auch optisch nicht viel her. Da muss es schon eine Generalüberholung sein, um bei dem Mädchen seiner Träume und in dieser Welt etwas zu bewegen.

978-3-401-06861-9

In der Faulheit liegt die Kraft

Geniale Chaoten fallen nicht vom Himmel

Felix ist ein Held, ein Genie auf dem Gebiet des Zeichnens und Graffiti-Sprayens. Die Mädchen werfen ihm bewundernde Blicke zu und trotzdem geht irgendwie alles schief. Denn Felix ist immer noch eine sportliche Null und ein hoffnungsloser Fall in puncto gutes Aussehen. Er weiß weder wie er sich gegen den berüchtigten Fightclub wehren noch wie er die süße Nina beeindrucken soll. Stöhn und Doppelstöhn!

978-3-401-06890-9

Chaos ist das halbe Leben

Ein verkanntes Genie auf der Überholspur

Neues Jahr, neues Glück. Felix will in Zukunft endlich vernünftiger werden und weniger Chaos anrichten. Schwör und Doppelschwör! Aber was soll man machen, wenn man dazu verführt wird, nachts ein Bad in einem Haifischbecken zu nehmen? Nina findet den Einbruch in den Zoo jedenfalls gar nicht witzig. Stöhn und Doppelstöhn! Stress mit seiner Freundin hat Felix jetzt nicht auch noch gebraucht.

Arena

Auch als E-Books erhältlich
Als Hörbücher bei Audiolino

Jeder Band:
Klappenbroschur
www.jakob-leonhardt.de
www.arena-verlag.de

Gabriella Engelmann / Jakob M. Leonhardt

Im Pyjama um halb vier

Lulu macht sich bei Facebook auf die Suche nach dem Ben, den sie auf der letzten Party kennengelernt hat. Sie findet … einen anderen, mit dem sie von nun an jeden Tag chattet. Sie erzählen sich Dinge, die sie sonst niemandem erzählen würden. Dinge, die unter normalen Umständen unausgesprochen bleiben. Und plötzlich entstehen Gefühle, gegenüber diesem Fremden, den man eigentlich gar nicht kennt.